森信三小伝

寺田一清 編著

致知出版社

学者にあらず
宗教家にあらず
はたまた
教育者にもあらず
ただ宿縁に導かれて
国民教育者の友として
この世の「生」を終えむ

――森 信三

まえがき

このたび致知出版社より『森信三小伝』が復刻刊行されることに相成り、即今着手していただいたことは、近来にない慶びにて感涙に咽《むせ》ぶ次第であります。

思えば本書は、森信三先生の「生誕百年記念」（平成八年）として発行の『不尽精典』に掲載せられたものであります。

『不尽精典』はすでに絶版し、現在では全く入手困難なものですがその内容の概略を申しあげますと、

第一章　（一）「下学雑話」（二）「不尽片言」（三）「一日一語」

第二章　（一）「修身教授録」（二）「幻の講話」（三）「坐談抄」

第三章　（一）「全一学精要」（二）「森信三先生小伝」（三）「年譜」

という次第にて、六百七十ページに及ぶケース入布張上製本になっております。大体お察しいただけますように森信三先生の「語録」と「伝記」の精要がすべて網羅されております。

これは二宮尊徳先生の没後その門弟によって刊行せられた『報徳要典』に則ったもので、尊徳翁の「語録」と「一代記」と「道歌」の精髄が、すべて一冊に結実せられたものです。

かねてより、森信三先生は、『報徳要典』なる書に注目せられ、古書店にてこれを発見せられるや、のがさず求められ保存せられたものです。

そして心ある道縁の方々へ呈上せられました。わたくしもその内の一人にて、その扉書に「これ正に古今に通ずる　永遠の真理なり　不尽」と署名せられ謹呈いただきました。

さて話は脇道へそれたようでありますが、すぐれた教説ならびに語録のかげには、並々ならぬ艱難辛苦、人生の盤根錯節《ばんこんさくせつ》の歩みが秘められており、名語録を生む源泉力となっております。

それゆえ、山また山の一代記を知ることが、すぐれた語録を理解する上で、欠くべからざる一大要訣と思われてなりません。

古来先哲・偉人についてのみならず、自叙・他叙伝を問わず、注目重視せられた所以のものがございましょう。全く、森信三先生も、この世に生を受けたそれぞれが、有名・無名を問わず各自の一代記執筆を推奨せられた第一人者でもあります。

ところで本書執筆の「原典」ともいうべきものは、申すまでもなく先生ご自身の執筆による自伝（全集二十五巻所載）によるものですが、それは七十歳までに到るもので、その後のことは、「小伝」（続全集八巻）ならびに「聞き書き」に準拠しております。

とにもかくにも、単行本としてこのたび出版いただけることは、森信三先生門下の一員として深甚の感慨にて、本書を通して、森信三先生の卓然たる教説・語録について一般のご理解と洞察を深めていただく一助となることでありましょう。

なお末筆ながら、本書刊行について直ちにご容認たまわり、即今着手いただいた致知出版社社長藤尾秀昭様のご英断ならびに専務取締役編集部長柳澤まり子様、編集部番園雅子様のご賛助に心から御礼を申し述べる次第です。

平成二十三年三月

寺田一清

森信三小伝　目次

装　幀――川上成夫
編集協力――柏木孝之

森 信三小伝

1――心に刻んだ自銘の句

凍餓死の危機

旧満州の二月中旬、零下二十七度の寒さはまことに酷烈なものでありましょう。いかに防寒用外套をつけ、防寒靴をはいたままとはいえ、廃屋同然の空き家に、全く火の気のない部屋で一夜を過ごすことは容易ならぬことでしょう。

しかも硝子《ガラス》窓は破れ、風は吹き通し、畳は凍りつき、天井という天井は燃料としてすでに剝《は》ぎ取られておりました。こうした中、畳三枚を裏返して重ね、その畳の上に着のみ着のままゴロ寝をしたのは、数か月前まで建国大学教授であった森信三先生と学生の金森君でした。時は昭和二十一年二月中頃、二人が寝転がっていたのは、奉天からさ程離れていない郊外でやっと見つけた二軒長屋のうちの一軒でした。

昭和二十年八月十五日、終戦と同時にソ連軍の進駐、そして新京における建国大学の閉鎖という、ただならぬ動乱のさ中、二人は新京から奉天へと脱出し、一時、源田家へ食客として寄留しました。しかし、事情があって源田家にもいつまでも甘えるわけにもいかず、リュック一つを背負ってさまよい続け、やっと見つけたのがこの住まいの一室だったのです。とはいえ、それは安住の場所というより死出の旅路の場所を見つけたといえるかもしれません。

二人は、すでに、敗戦後の満州で生きていく希望も力も失っていました。棟続きの隣家の主人が見るに見かねて、「起きてストーブに当たりに来ませんか」といってくれましたが、それもうわの空で、起き上がる気力もなくしていたのです。

一夜を過ごし、二日目の昼過ぎ、またも隣家の主人がやって来て、「早くストーブに当たりに来ないと、病気になってしまいますよ」と重ねて説得してくれました。しかし二人は防寒外套のままゴロ寝を続けていました。それどころか、この間、二人はろくに話もせず、食べ物も口にしなかったのでした。

生への転換

二日目の夜も暮れ、三日目の朝を迎えました。十時過ぎ頃になって、森先生の胸中に、強い思いが湧き起こりました。

〝私自身はこのまま凍餓死するにしろ、自分の一生はこれまでとして何ら悔いはないとしても、同伴の金森君の人生はこれからなのだ。それを自分の運命に捲き込んでは申し訳ない。何としても金森君を両親の元までお届けしなければならぬ〟

〝そうだ、自分が起きねば金森君も起きはすまい。起きよう〟

そう決意されたのです。それと同時に自分の将来についても一条の光が射し込み、〝もし幸いにして無事に祖国へ帰れたとしたら、内村鑑三全集と歴史書を読むことに専念したい〟

との想いが湧き立ちました。

そうした想念が駆けめぐっていた折、またもや隣家の主人が「あんた方、早くストーブに当たりに来ないと、そのままでは死んでしまいますよ」と三度目の声をかけてくださったのです。森先生は「金森君、起きて厄介になろう」と声をかけ、二人はお隣のストーブに当たらせていただくことになりました。

隣家といっても長屋の棟続きであり、六畳と三畳の二間、しかも夫婦と子供三人、ほかお年寄りが一人という家族の中、厄介になることはしのびないことでしたが、隣家のご夫婦の温かい人間愛に支えられ、二人は凍餓死をまぬがれることができました。聞けばこのご夫婦もまた熱河の奥地の鉱山から命からがら奉天へ脱出してきた難民だったのです。


こうして住まいは何とかお情けによって恵まれたのですが、食べることは自分で解決しなければなりません。奉天の大通りの闇市を歩き回ったものの、これという商売の手づるもなく、ましてや資金にも事欠く者が稼ぐのは容易ではありません。最後に切羽詰まって思いついたのが、「大道易者」でした。森先生は三十代の後半、淘宮術を手掛かりとして、多少、手相人相を研究しておられたのです。

新京脱出後、先生は保身のため亡くなった兄の名である「端山民平」と名乗り、胸にその名を縫いつけました。その名で大道に立ったのです。

当時奉天の大道易者は、すべて終日立ちづめで、また一日たりとも休めませんでした。それでも一日に平均四、五人の客しかつきませんでしたが、なんとか食いつなぐことだけはできました。

このように人の情けに支えられ、辛うじて最低の安定だけは得られるようになったのでした。

こうして昭和二十一年四月の声を聞くと、いよいよ祖国への引き揚げが始まりました。そしてついに六月七日、夢に見た舞鶴港に到着、無事やっと祖国の土を踏むことができました。あの索漠たる満州の荒野から引き揚げて来た者にとって、戦災のため荒廃したとはいえ、新緑に囲まれた山々は無言の慰めであり、何よりの激励となりました。

先生はその感慨を歌集『国あらたまる』の冒頭に次のように詠まれています。

戦《たたかひ》に敗れし国か山河《やまかわ》は旧のごとくに美《うる》はしけれど

自銘の言葉

安否が気遣われていた文子夫人と三人のご子息が何より無事であり、そのうえ戦後の物資欠乏の中、なんとか生活が営まれていたことは、先生にとってありがたい不思議な恩寵でありました。しばらく衰弱した体の回復を待つ間、先生の胸中に去来するいのちのともしびは果たしてなんであったでしょうか。それは次に掲げる銘が最も端的に表現していると思われます。

> 銘
>
> 学者にあらず
> 宗教家にあらず
> はたまた
> 教育者にもあらず
> ただ宿縁に導かれて
> 国民教育者の友として
> この世の「生」を終えむ
> 　　　終戦引きあげ間
> 　　　なき日に

この自銘の句は、心中深く自らに問い、自ら刻み込んだ言葉であろうと思われます。これは、戦後直ちに発表したものではなく、二十年後、「自伝」執筆の最後に書き記されたものです。常々先生は、「心願というものは、人にいうべきものではなく、心中深く心に秘めてあるべき性質のものです」といわれていました。

先生の生涯を貫く胸中の思いがこの心願の一句に結実するためには、異国での悲痛な体験を通過せざるを得なかったともいえるでしょう。

敗戦というかつてない日本民族の悲劇の末、廃墟と化した国土に佇《たたず》み、微力ながら日本の再建に尽くしたい、という思いが先生にはありました。それは、とりわけ教育界に身を置く者として、この一道を尽くすより他ないという心願に発するものでした。思えば、先生の生涯をかえりみるとき、この自銘の言葉こそ、生涯を貫く心願の一句であったといえるように思います。

○教育とは人生の生き方のタネ蒔きをすることなり。
○真の教育は、何よりも先ず教師自身が、自らの「心願」を立てることから始まる。
（『森信三一日一語』より）

2——複雑な生い立ち

父と母

森先生は、明治二十九年九月二十三日、愛知県知多半島にある半田市に近い武豊町で呱々《ここ》の声をあげました。国鉄の武豊駅から本通りへ出るまでの道沿いにある、商家の離れで生まれたとのことです。父の名は、端山俊太郎、母の名ははつ、その三男として誕生しました。男兄弟の末っ子でした。しかし中の兄は生後まもなく死亡しており、二人兄弟ともいえます。

その頃すでに端山家は家運が傾きかけ、両親の間にも暗雲がただよっていました。祖父の端山忠左衛門は、第一回国会議員まで務めた方であり、愛知県議会議員を四期十六年も務めた地方の名士でしたが、父は生来のお人好しで、気位のみ高く、家業よりもむしろ骨董趣味に走り、人にだまされて、投機に手を出しては失敗するという始末でした。

一方、母は隣村の旧乙川村出身で、その生家は竹内家という二十五代も続いた旧家の地主であり、近在でも評判の堅実な家柄でした。そうした家風の血を引く母は夫に耐えられず、生後一年足らずの先生をおいて離婚し実家に帰り、端山家の再三の願いにも、決して戻ろうとはしませんでした。いろいろと非難を浴びたことと思われますが、和裁を教えたりして一生を終えられたそうです。

後年、実父母について先生は次のように述べておられます。

「母は手堅さの点では、日本的合理主義ともいえる性格で、先見性に富み、将来が不安でたまらなかったのでしょう。平素無用の浪費は避け、節約しつつも、イザという場合には、かなり思い切って金をなげ出すことのできる人でした。また父は、天性のお人好しのため、祖父の予想通り没後十年にして財を失うに至りましたが、父に対しては、可哀想な人という思いは強く、わたくしが石や陶器に対し多少興味を持つのは、父の遺伝によるものでしょう」

森家へ養子に

こうして乳呑み子だった先生は、数え三歳のとき、岩滑《やなべ》村（現半田市岩滑町）の百姓である森家へ養子としてもらわれていったのです。実家の端山家と養家の森家とは、なんの姻戚関係もないばかりか、それまで一切の面識すらない間柄でした。

森家は小作農とはいえ岩滑村では中くらいの農家でしたが、両家の家柄の差は格別だったようで、先生は幼くして運命の岐路に立たされたのでした。後年の森先生が飽くなき学問探究型という中にも、どこか庶民的な在野性を失わない一面があるのも、こうした宿命に根ざすものと思われます。

ところで森家の養父は種吉、養母ははるといい、ともに律儀で実直な人でした。これは先生にとって何よりの救いであり、終生の感謝でした。晩年、『幻の講話』の巻頭には、「この書を恩愛深かりし養父母に捧ぐ」という献辞が記されておりますす。また最晩年、養父母のことを語るたびに涙ぐまれ、講演の最中でも感極まって、しばしば絶句されるほどでした。

実際、隣近所の人たちから「ほんとうの子だったら、とてもあんなに大事にはできまい」といわれ、まるで「落胤《らくいん》」でも育てるように大事にされたようです。例えば、幼い先生のために鶏を飼い、ドジョウを捕ってきては食べさせたり、アレルギー体質のうえに喘息気味だったので、長期間にわたり医者に連れていくなど、貧しい生活にもかかわらずできる限りのことを尽くしてくださったのでした。

実家と養家

その頃、実家のほうは逼塞《ひっそく》していたため、養育費の援助はなかったようです。ただ先生が師範学校へ入ってから、祖父は自分が亡くなるまでの二年間、師範学校の学資の半額ほどを出してくれました。

実家のほうの叔母さいが県で最初の奏任校長だった日比恪の許へ嫁いでおり、岩滑に比較的近い半田の入り口に住んでいました。ここへは養父母も気軽に立ち寄ったようです。日比夫妻も先生を可愛がり、いわば親代わりになって、何かと心くばりをしてくださったので、養父母も心から尊敬し信頼していたのです。

養父の妹が成岩に嫁いでいて、この人には二人の息子がありました。弟の徳太郎という人は、若い頃瓦職人で、随分遠方まで働きに出たようですが、中年から郷里に帰り、やがて愛知銀行半田支店の用務員として永年勤めました。

この「徳さん」という人は、母親に似てなんともいえぬ温かい人柄で、先生も長じて高等師範に行き、また大学に入ってからも、休みに帰省すると必ず銀行の通用門をくぐっては用務員室へ行き、「徳さん」と話をするのが楽しみの一つでした。「徳さん」はまた、夏などには必ず大きな西瓜を買ってきては、先生にたらふく食べさせるのでした。

実家のほうでは、叔母の日比さいが先生を可愛がられました。この日比さいという方はなかなかの賢夫人で、父の端山忠左衛門を心から尊敬し、七十過ぎてから大学ノートに「父の思い出」を詳細に書き残すほどでした。先生も祖父の端山忠左衛門はもとより、叔母の日比さいを心から尊敬し、帰省のたびに立ち寄り、心親しく近況報告をし、四方山《よもやま》話に花を咲かせたのでした。

3——小学校時代の思い出

岩滑小学校へ

先生の育った森家は、なるほど一介の小作農家でしたが、純小作というのではなく、自分の田畑も多少は持っていました。隣近所にはもっと貧しい家も少なくなかったので、幼少の頃はなんら劣等感だとかヒガミ根性などというものは感じなくてすみました。

それどころか、隣近所の何処へ遊びに行っても、大事にしてもらったようです。というのは、先生の実家の存在が近所の人々にも暗に意識されていたからですし、また、たいへん話好きで、何事にも関心を示す利発な子だったこともあるでしょう。

数え年八歳となると、部落の東南の入り口にある岩滑《やなべ》尋常小学校に入学しました。

学校といっても田舎の分校に近く、かつての武家屋敷に手を加えたもので、教室の仕切りはすべて紙の障子でした。当時の小学校は四年制で、小学一、二年の合併組と、三、四年の合併組による複式の二組編成でした。先生は三人で、校長の山本岩吉先生と松井立身先生、他に佐藤という裁縫の若い先生がいるだけでした。

一、二年の頃は、身体が弱くよく学校を休みましたが、それでも席次はいつも一番でした。記憶力が抜群で、頭がよく、複式学級はかえって張り合いがあったことでしょう。ただ一つ口惜しいのは、運動感覚がやや鈍く、野球などではその仲間に入れてもらえなかったことでした。

また、たいへん生真面目な性格でした。それをよく表わしている逸話があります。近くの武豊駅へ遊びに行った時、同じ年頃の子ども数人と柵をくぐって、プラットホームに入ったところへ駅員がやって来ました。みんな逃げましたが、駅員が「今ここで遊んでいた者は出てきなさい」というと、誰一人として出て行こうとしないのに、自分だけ思い切って出ていったそうです。

松井立身先生

小学校時代に最も印象的な感化を受けたのは、松井立身先生でした。松井先生は旧刈谷藩の武士だった方で、藩主の学友に選ばれただけあって実に気品があり、しかも優しい人柄でした。松井先生に教わったのは、小学の一、二年の二か年だけでしたが、森先生の人生に、一つの大事なものを種子蒔《たね》かれたようです。

松井先生は、「修身」の授業の折、楠公《なんこう》父子の訣れの桜井の駅の話をされるたびに落涙されました。白皙《はくせき》のお顔が、少し紅くなったかと思うと、やがて一筋の光るものが先生の頬を伝って流れました。それをいつも真っ白なハンカチで静かに拭われつつ、「これでも昔は二本差したものだから、他人事とは思われんで——」と、いつも話されました。

この松井先生から、信三少年の作文はよく褒められました。そのためか、少年の頃から作文を書くことは随分好きで、楽しかったようです。師範に入ってからも、さらに高等師範に入ってからも、作文は得意だったとのことですから、少年時代からの卓れた特性の一つだったといえましょう。

遊びのいろいろ

少年時代の遊びとして、一番懐かしく興味深かったのは凧《たこ》揚げでした。当時は家も少なく、凧揚げするには絶好の場所がありました。悠々と大空に舞い上がる凧が十幾つも数えられたというのですから、まさに壮観で、少年の夢を大きくふくらませたことでしょう。

歌集『国あらたまる』にも次の一首が記されています。

幼き日われに凧揚げさせまししたらちねの父の今はまさなくに

凧揚げに次いで楽しかったのは、「庭づくり」でした。隣村のお祭りなどに行くと、みやげには菓子などあまり買わないで、植木を買ってもらったというほどです。これは、実家の「血」に根ざすもののようです。晩年「わたくしの宗教は拝花宗とでもいえましょうか」とよくいわれましたが、たいへん花を好まれ、庭木についてもよく知っておられたのも、幼少時から芽生えた関心によるものと思われます。また「魚釣り」も好きだったようですが、清流にめぐまれない知多の農村ですから、川や溜め池での「フナ釣り」が主でした。

その他の楽しい思い出に、十月の中・下旬頃のキノコ採りがありました。子どもも大人も一緒になって山へ出掛けたものですが、信三少年はなかなかキノコ採りが上手で、よく勘の働く子でした。

今一つ「餅拾い」が上手でした。その頃の田舎では、家の棟上げの時、必ず「餅まき」の行事が行われたものですが、その餅拾いがなかなか上手だったのです。運動神経のあまり機敏でない少年の特技を、みな不思議がったそうですが、そのコツは簡単で、餅がどの方向へまかれるかなど一切気にしないで最初から地面にかがみ込み、自分の守備範囲へ飛んできた餅をすばやく拾っていたのです。ただこれだけのことですが、子どもながらこの秘訣を会得していたので、大人も驚くほどたくさん拾ったとのことです。

高等科へ

尋常科四年の課程を終えた信三少年は、引き続き半田第一尋常高等小学校の高等科へ入りました。半田は当時郡役所の所在地で、学校も郡内第一のものでした。その校長は、実家側の叔母の夫の日比恪先生でした。この方は第一師範の出身であり、小学校教員に奏任官待遇が設けられた際、県下で第一に選ばれた学徳兼備のお方でした。岡田式静坐法の創始者、岡田虎二郎先生を尊敬し、毎年お招きして町の有志たちと静坐研究会を開いたり、また半田仏教会を興し、多くの高名な僧侶を招いて講演会を開かれました。

ところで半田小学校の高等科は四学年あり、郡内第一の大規模校で、校舎も特色ある洋式の木造校舎でした。同級生の中にはかなり優れた者もおり、特に、知多紡績の重役の子弟である穂積圭吾君とは、その首位の成績を争った仲でした。

高等科一年の受け持ちは石川唯一先生でした。石川先生は、岩滑小学校当時の松井立身先生と同様、師範出身ではなく、資格は尋正（尋常科正教員）だったようです。しかし、非常に漢文の素養があり、その実力はたいしたものでした。信三少年は石川先生から国語や歴史の時間に漢詩を教えてもらうのが楽しみで、進んで暗記をしたそうです。これも後年、森先生が東洋思想に関心を持つ一つの機縁となったともいえるでしょう。

祖父の教訓

高等小学の二年、数え年十三歳の正月に、信三少年は例年の如く、養父に連れられて祖父の家へ年頭の挨拶に行きました。

挨拶が終わると祖父は、改めて「信《のぶ》、お前は今年いくつになったか」と聞かれました。「ハイ、十三になりました」と答えると、祖父は「あ、そうか。十三という歳は、大切な歳だが知っているか」といわれ、傍らの硯を引き寄せ筆をとり、何か巻紙に書いたかと思うと、「これが読めるか」と信三少年に見せました。

それは全部漢字で書かれていて、とても読めそうもありません。正直に「読めません」というと、「これは頼山陽という詩人が、お前と同じ年の、しかも正月の元旦に詠んだ詩だ。お前もしっかりせんといかんな」といわれました。

そのとき祖父から示されたのは、頼山陽の「立志の詩」でした。
「十有三春秋、逝くものは水の如し。天地始終なく、人生生死あり。いずくんぞ古人に類して、千載青史に列するを得んや」
というものです。それ以来、信三少年の胸中からこの詩が消えることなく、その後、五、六年の生徒たちと話をするときには必ずこの詩を引用しました。

元来森先生は男の子三人兄弟の末っ子ですが、中の兄は生まれると間もなく亡くなり、先生自身も数え三つで森家へもらわれて行ったので、長兄と一緒に暮らしたことはありませんでした。兄は三つ年上で、夏休みに海水浴などに連れて行ってもらったことがありました。

ところが、その兄が岡崎中学に入学して五年生のとき、チフスに罹って亡くなってしまいました。兄の伝染病が感染するといけないから――というので、信三少年は兄の死に目に逢うこともかないませんでした。しかしそれ以後、「日記」の表紙の裏に、「誓って亡兄の分と二人前の仕事をしよう」という言葉を書き記し、決意を新たにしました。

人生の挫折感

高等小学校二年生のとき、明治四十一年十二月十八日と正確な日付まではっきりしていますが、その日は実母の側の従兄にあたる山口精一氏の結婚の日でした。その結婚式で信三少年は、男蝶《おちょう》、女蝶《めちょう》（祝言で酌人を務める男女の子どものこと）のうちの男蝶の役を果たしました。田舎の結婚式のこととて帰りは夜遅く、しかも大雨となり、日比叔父と同じ人力車で帰ることになりました。

その途中、「自分も高等二年がすんだら、中学へ行くつもりです」といったところ、「お前は中学校へ行けるような家ではないから、高等小学校を卒業したら師範学校へ行き、学校の先生になる他ないのだから、そのつもりでいるがよい」との旨を聞かされました。この一言は、信三少年にとって最初の深刻きわまる挫折感でした。日付まで明確に憶えているほど、衝撃的だったのです。

これを契機として、信三少年はこのような悲哀をしばしば味わわねばなりませんでした。ある日のこと、両親のいいつけで、上半田の榊原参蔵先生（高等科二年担任）宅へ届け物をしたところ、先生の離れ家に同級生が四、五人いて、受験準備の補習を受けていました。いずれも富豪の家の子どもたちでした。もちろん上へあがれず、入り口で用をすまして家路についたのですが、田舎道をどんな思いで帰ったか、その寂寥感は察するに余りあります。

○逆境は、神の恩寵的試練なり。
○すべて最低絶対基本線の確保が大事であって、何か一つ、これだけはどうしても守りぬき、やりぬく――という心がけが肝要。
○人間は自己に与えられた条件をギリギリまで生かすという事が、人生の生き方の最大最深の秘訣。

（『森信三一日一語』より）

4——愛知第一師範に入学／第一修学期

母校の給仕に

こうして中学進学を断念することになった信三少年は、高等小学をもちろん首席で卒業しましたが、予定の進学コースとして師範へ入るには年齢が足りなくて、一年待たなければなりませんでした。そこでこの一年間、叔父である日比校長のはからいで、半田第一尋常高等小学校の給仕として働くことになりました。

これは日比校長としては随分考えたうえでの配慮でしたが、信三少年にとってはたいへん辛い経験になりました。

その一つは、今まで「秀さ」という用務員のやっていた「時報の鈴」を鳴らすことになったことであり、今一つは、一、二年の教室の掃除をひとりですることでした。というのも、昨日まで朝会の台上に立って、全校千何百というたくさんの生徒に対して号令をかけていた身が、卒業と同時に、なんだか「秀さ」の部下になったようになってしまったからです。

しかし、少年時代にこうした一種の下坐行的な仕事をしていたことは、後年の先生にとって大いに意味のあることとなりました。教育における掃除の意義を重視されたのも、この給仕時代の経験に基づくものと思えます。

ところで、給仕としての席は、校長室の一隅で、その点ではなんらひけ目を感じなくてすみました。

日比校長は、当時郡の校長会の会長をしており、印刷物の発送や来客への接待から電話の応対等、随分細かい点にいたるまで注意され、信三少年をしつけられました。また校長室に来訪する町内の有力者の方たちも、「これが、端山忠左衛門さんの孫さんだそうだ——」という認識をもって接してくださったからです。

岡田虎二郎先生との出会い

そうした給仕時代に最も深い印象を受けたのは、他ならぬ岡田式静坐法の創始者・岡田虎二郎先生に接したことです。日比の叔父が中心となって、町の有志者たちで岡田虎二郎先生をお招きして、会員制の静座会が開かれたのです。給仕の身とて出席はできずとも、会の前後に岡田先生の偉容を望見することができました。全く「泰山」ともいえる堂々たるその風格の一端に触れ得たわけです。

その後、書物をたよりに、自ら静坐を研究し、その中で最も大事な「腰骨を立てる」の一事を自学自修し終生身につけられたのは、この給仕時代の恩恵によるものです。そして戦後十年たって、主体性を確立する決め手として「腰骨を立てる教育」を提唱されるにいたったのも、給仕時代に岡田虎二郎先生の静坐を自ら修得するきっかけを得られたからに他なりません。

准教員資格講習会に参加

やがて准教員資格講習会に参加するために、初めて家を離れ、四か月あまり友人と共に自炊生活をしました。日比叔父の故里が内海にあり、その宅に寄留し共同生活をしたのです。

当時教師の資格には、㈠本科正教員、㈡尋常科正教員、㈢准教員、㈣代用教員の四段階があり、講習期間は四か月と十日という比較的短い期間でした。

内海から帰って間もなく、人の奨めもあって尋正の検定試験を受けましたが、これは見事に落ち、自分の実力のほどを深刻に受け止めざるを得ませんでした。

それから、いよいよ愛知第一師範を受けましたが、これも第一回目は不首尾に終わり、同年の秋にようやく入学することができました（当時は一年を二期に分け、四月と十月と二度入学が行われた）。それ以来、四年間の寄宿舎生活が始まったわけです。

愛知第一師範へ入学

寄宿舎生活が始まるにあたっては、養父が肩曳き車に寝具を初め用度品一切を積み込み、徒歩で十数里の道を運んでくれました。そのことを先生は、今に残る日誌に次のように几帳面な字で筆書しておられます。

「午後四時頃入舎。直チニ上級ノ人ニ校内ヲ案内シテモラヘリ。二階ニテアト片付ケノ最中、〃十五小団ノ森サン一寸下マデ〃ト。直チニ行ケバ、父上居マシテ〃モウオレハ帰ル。体ヲ丈夫ニシテ勉強スルガヨイゾ〃〃皆サン、コレハ真ニ不行届キモノデスカラ、何分ヨロシクドウゾ〃ト。児ヲ思フ慈愛ノ念ノ凝ツテナリシ此ノ言葉。五十路へ足ヲフミカケラレシ父上ガ、十里ノ道ヲ遠シトセズ、荷ヲ持チ来ラレシ。父上ナラデハ誰カナシクレント、有難涙ニムセビタリ」

ちなみに、この師範時代の日誌を初め学習ノートの数々は、貴重な資料として、半田市教育委員会に保管されています。

三浦渡世平先生の思い出

師範時代に最も印象深かったのは、当時の校長の三浦渡世平先生でした。六尺ゆたかな巨漢であり、威風辺りを払うの感があり、仰ぎ見るだけで無限の感化影響を受ける大人物でした。沈着にして豪胆、かつ寡黙であって、おそらく西晋一郎、西田幾多郎の両先生が最も尊敬された北条時敬先生とほぼ匹敵されるべきお方といってもいいでしょう。ちなみに三浦先生の父上は旧幕臣で、維新の際、慶喜公に従い静岡に移られたということです。

三浦先生は中村正直先生の同仁舎に学び、のち岡田良一郎設立の私塾「驥《き》北《ほく》学舎」の教師を勤めました。岡田氏令息の岡田良平氏は、三浦先生の薫陶を受けて人となり、のち文部大臣を歴任した方ですが、三浦先生に対する尊敬と信頼は絶対的でした。そのため三浦先生は、文部大臣の私設顧問といわれるほどでした。

三浦先生の教育は気宇壮大にして質実剛健で、責任感に富む教育者を数多く養成しました。第一師範の名物であった「徹夜会」や夜を徹して行われた「夜行軍」にも一度も欠席されることなく、毎年冬の「寒稽古」にも、終始道場の正面に端坐しておられました。

八木幸太郎先生と友人たち

師範時代に指導を受けた教官の中で断然群を抜いていたのは、校長の三浦渡世平先生でしたが、次に思い出深いのは、教頭の和田喜八郎先生でした。隠者新井奥邃《おうすい》先生に師事し、深い道縁を持つお方でしたが、一年足らずで栄転されました。

その後の教頭になられたのが、篤学者の八木幸太郎先生です。八木先生について忘れ得ぬことは、師範の卒業をひかえて、「卒業記念に何か良書を――」と尋ねたところ、「それは『日本倫理彙編《いへん》』（全十二巻）を買い給え。この本は今すぐはわかるまいが、卒業後十年か十五年たてば、君にはわかるだろう」といわれたことです。そこで早速、先生の仰せに従い、買い求めたのです。

その後、森先生は、天王寺師範に勤めて三年目の元旦、「独立学派」編の中の『翁問答』（中江藤樹著）に着目し、読書初めに読み感動されるのですが、それは実に師範卒業後十三年目のことでした。

ところで師範時代の友人として特筆すべきことは、親しい友人五人で「五竜会」

を結成し、卒業後も回覧誌「五竜」をつくり、かなり永い間継続したことです。「五竜」とは小久保文弥（毒）、杉浦延一（無）、山元万治（断）、井上政一（哲）、それに森信三（空）の五人です。カッコの中は各自の雅号で、手紙なども「毒兄へ空生より」という具合に書き合っていました。とりわけ小久保氏とは、五十年親交を重ね、「終生の友」ともいうべき間柄となり、互いに週に一度くらいの割で書信を交わされたようです（この往復書翰の一部は全集二十四巻に掲載）。

師範在学中には、「いのち拾い」をしたことが二度あります。

一度めは師範三年の夏、親友の榊原源吉君と二人で、泳いで衣浦《きぬうら》湾を横断しようとした無茶な企ての最中です。半田から対岸の大浜へほぼ十二キロの行程で、これくらいはと甘くみたのですが、潮の干満を計算に入れず、結局、五時間以上泳いでも半分にも達せず、ついに渡し舟に合図をして助けを求めることになりました。

今一つは師範四年のとき、美濃の苗木方面へ鉱物採集に行って間なく発熱、県立愛知病院に入院したのです。入院は一か月余りに及び、病状は亡き兄と同じ腸チフスでした。年も同じ十九歳でしたが、幸いにしていのちを取られることはありませんでした。

卒業をひかえて

師範時代の読書傾向ですが、当時の師範学校では、文学や小説に傾くのを異端視する風潮がありました。そうした中でも、休暇にはドストエフスキーの『死人の家』を読み、また大逆事件を取り扱った小説『逆徒』を人知れず読んだようです。

またその頃より、時々ペンネーム「森弦堂」の名で雑誌や新聞に投書を試みています。卒業もほど近い頃、名古屋の新愛知新聞の投書欄に「師範教育革命新論」という一文を寄稿し、それが掲載されて、八木幸太郎先生から「君のような優等生が卒業を前に――」と厳しく説諭されたこともありました。

こうしたことから察するところ、「反骨」の血が何割かあるということで、アナーキストに対する一種の同情と共感も持っており、これが後年、東洋的アナーキストともいえる中里介山や江渡狄嶺《えとてきれい》、岡田幡陽等、野の思想家への接近となり、反アカデミックな生き方につながったようです。

横須賀尋常小学校へ赴任

四か年の師範時代を終えると同時に、森先生は、辞令により三河の横須賀尋常小学校に赴任しました。横須賀という町は作家尾崎士郎の生地であり、その作品『人生劇場』の舞台で、幕末の侠客「吉良の仁吉」が出たところです。

最初の担任学級は高等科一年生でした。当時五十名近い生徒のうちで、最も道交の絶えなかったのは児玉裕太郎氏で、師弟の縁は半年に過ぎませんでしたが、交流は氏が亡くなる日まで続きました。児玉氏は毎年自家製の「二十世紀梨」を一年も欠かさず森先生に送り届けられました。その至誠純朴さには心打たれるものがあります。その令息がまた亡父の遺志を継ぎ、同じように送り届けられるという二代にわたる師弟の情は一つの佳話と申せましょう。

また児玉氏の生前、その「自伝」の下稿に対し克明な補訂をし、自費出版にいたらしめた師弟間の交流も美談の一つと言えます。

学校教師論

横須賀に着任して間もない頃、三浦修吾先生の処女作である名著『学校教師論』が刊行されました。かねて師範時代より三浦先生の論文が雑誌に出るたびに愛読していた森先生は、この書が発行されるや直ちに購入、四畳半の宿直室で読みふけりました。三浦先生の教育思想の特徴は、教育と宗教が融けあったもので、回生開眼の体験が全篇を貫いており、今なお永遠のいのちを宿す名著です。

この『学校教師論』は、森先生にとって、生涯の方向を決定づけるものとなりました。この一冊との出会いの意義は大きかったといえましょう。

投書についていうと、卒業直前の失敗は先に述べた通りですが、卒業後も雑誌「教育実験界」と「内外教育評論」へ投書を続けました。その頃のペンネームは「舟端真一郎」でした。

なお、当時「日本評論」という雑誌があって、その懸賞小説に応募したところ、一等に入選しました。題名は「黎明」で、郷里知多半島の水飢饉から取材したものです。

広島高師へ進学

当時の事情からして高等師範へ進学するなどは、森先生にとって思いも寄らぬことで、卒業後は文部省の検定試験を取ることくらいしか考えていませんでした。師範時代の友人の「五竜」同人からも「われわれが学資を出すから、ぜひ高等師範へ行け」という奨めを受けましたが、先生はなかなか踏み切れなかったようです。

ところが母の従兄にあたる阿久比村植大《うえだい》の山口精一氏から「さしあたり二か年間の学資を出してやるから、高等師範を受けるがよかろう」との思わぬ申し出がありました。それを日比の叔母より伝え聞いた森先生は、予想もしなかっただけに感謝もひとしおでした。そこであと数か月に迫る受験勉強に慌てて取り組んだわけですが、何しろ準備不足のため、東京師範のほうは失敗し、広島高師のほうが通ったのでした。

5――広島高師へ進む／第二修学期

広島高師同期生

こうして森先生は広島高師の本科四年制の英語科に入学しました。どうして英語科を選んだのかということですが、将来大学へ行くには語学をやっておく必要があり、それに師範出の英語ではとうてい物にならぬ――と考えたからでした。案の定、高等師範の英語科に入学して、英語の学力補充のため、一年間はずいぶん苦労しましたが、一日に二時間の英語の授業で、なんとか中学出身の人々とのギャップは埋めることができました。

それには同級生で同室だった大槻正一氏の無類の努力から刺激を受けるところも甚大だったようです。氏はのちに高師の教官となり、最後は文理大の教授になり、まさに俠骨凜々たる学者となられました。

その他、同期生にはなかなかの俊才が揃っていて、のち文理大教授となり、わが国の国語学の権威となられた土井忠生先生、これまたのち文理大教授になられた西洋文学史の権威の千代田謙先生、それに一、二年後輩ですが、同じく母校に帰り教育学の権威となられた稲富次郎先生がおられます。

広島高師も全寮制で、入学のその日から寮に入ったわけですが、師範学校のような窮屈さはなく、ずいぶん気楽でした。師範の寄宿舎が一室二十名編成だったのに比べ、高師では一学年二名ずつで、四年制ですから、つごう一室に八人の編成でした。また師範学校はすべて軍隊式で、上下の関係がなかなか厳しかったのですが、高等師範の寮は民主的で、ほとんど上級生から圧迫を受けることはなく、気まずい思いをしたことはほとんど無かったようです。

心境の片鱗

師範時代の心境と生活については、幸いにも「日誌」が保存されており、これによってその当時の一端に触れることができます。しかし、広島高師時代には日誌はなく、ただ交友五十年に及ぶ師範時代の親友小久保文一氏への書翰によりその片鱗をうかがい知るのみです。

幸いにも小久保文一氏が書信約三百通を保存しておられ、その一部が全集二十四巻に収録されていますので、そのうちより広島高師時代の若き日の苦悩と焦燥、志向と自負の一面に触れたいと思います。

○「キュウヒセイニサイヨウス　トリヰ」この電報を昨夜深更に受け取った。永い間君の心を苦しめた小生の学資問題も、ようやくこれで、一段落がついたといってよいだろう。あの年老いた養父母の上に重苦しく掩《おお》いかぶさっていた錘《おも》りが、これでやっととれたかと思うと、何ともいえぬ限りない感謝に浸っている。

○休みが近い。あの茅屋《ぼうおく》で静かに二ヶ月間を――出来たら部落の寺の風通しのよい本堂でも借りて、静かに読書と思索に過ごしたいと思う。

○一本の草を抜けば一本の草は減る。一時間も引けばかなりの土地がきれいになる。

それに僕はどうだ。一時間考えて何が生まれるというのだ。どうどう廻りしているに過ぎぬと思うと、たまらなくなる。

○僕という人間は、偽善者なのか、それとも意気地がないのか。人が裸になってぶつかって来てくれないのを、近頃しみじみと思う。間に何かを隔てているような気がして寂しいことである。

○文芸より宗教へ――宗教より哲学へ――。この転向がかなり鮮やかに自分の中に感じられる。

○人間がどちらか一方へのみ進み得るものなら、その路は決していばらの路ではない。たとえ、非常な重荷を背負っていたとしても――。真のいばらの路は、相反する二つの路を、自己において統一して行くところにある。

これは、その書面に見られる当時の心境の一断面にすぎませんが、何かしら将来への傾向の一端がうかがわれるものがあります。

福島政雄先生との師縁

なんといっても森先生が広島高師時代に最も強い感化影響を受けたのは、福島政雄先生と西晋一郎先生です。

高師二年生のときに、福島政雄先生が仙台二高から広島高師の教授に赴任して来られました。教育学の講義を受けた森先生は、魂の底まで沁み透るほどの感動に打たれたのです。福島先生は学生時代に近角常観《ちかずみじょうかん》師により導かれたので、その講義はすべて浄土真宗の信仰を根底とした教育論でした。今まで常識的な物の考え方しか知らなかった森先生にとって、初めて内省的な導きを得られたことは一大驚異でした。

なお、福島先生とのご縁を深めることができたのは、柳川重行と松本義懿《よしい》の二人の友のお蔭によるものです。両氏は共に石川師範の出身で、師範時代に真宗学界の一流ともいえる暁烏敏《あけがらすはや》、藤原鉄乗、高光大船《たかみつだいせん》という方々に接しているだけに、その思想的態度や考え方において格段の違いがありました。

この柳川・松本の両氏に誘われ、森先生は始終福島先生のお宅を訪ねては、夜遅くまで教えを受けました。何しろ今までの常識的な見方から「親鸞教」の内省内観の世界へ導かれたのは、この福島政雄先生との師縁によるもので、「開眼の師」と申すべきお方でした。高師四年のときには一年間、先生のお宅に寄寓《きぐう》させていただくという恩恵にあずかりました。またその年の秋、先生と一緒に阿蘇山へ登った想い出も忘れ難いようです。

その福島政雄先生を中心として、ペスタロッチ研究会が発足しました。その世話役は、柳川・松本の両氏と玖村《くむら》敏雄と森先生の四人で、のちに長田新先生も参加されましたが、会の生みの親は福島政雄先生でした。

なお、その主力メンバーの柳川氏は、呼吸器を病んで、ついに退学に到り、帰郷にあたって福島先生の奨めによりペスタロッチの教育精神を発揚することを目的とする教育雑誌を発行することになりました。雑誌「混沌」の誕生です。この雑誌はわが国におけるペスタロッチ運動の草分けともいえるもので、昭和十八年太平洋戦争の苛烈な戦況による廃刊に到るまで、十数年の間、継続しました。

生涯の師・西晋一郎先生

高師の三年生となって、森先生は初めて西晋一郎先生の講義を聴く機会を得ました。西先生の講義は、パトス的な福島先生とは対照的で、深邃《しんすい》にして枯淡のきわみともいえるもので、学生の身にとって難解なのは無理からぬことでした。森先生自身も当時はペスタロッチ運動に心ひかれていただけに、さほどの興味を持たなかったのは事実です。

そのため、西晋一郎先生の思想の一端が解り出したのは、のちに京大の哲学科に学び、西田幾多郎先生の巨大な異質的風格に接してからでした。天意によって廻り道を辿らねばならなかったのです。

それにしても、生涯にただ一人筆頭の師といえば、森先生はこの西晋一郎先生を躊躇なくあげられたでありましょう。というのも、後日、哲学を修めるにしても、単なる西欧の哲学説の紹介に終わらず、終始、思想の根源を東洋の先哲に求めたという学問的態度は、この広島高師時代に西晋一郎先生によって種子蒔かれたものといえるからです。

なおついでながら、広島高師の初代学長であった北条時敬先生については、わが国の二大哲学者である西・西田の両先生が共にその感化を受けており、深く尊信しておられました。すなわち西田先生はその教え子の一人として、西先生は上司として深く尊敬されたようで、そのことは西田先生の「廓堂片影」や、西先生の「北条先生のことども」の一文より察せられます。

意中の人

先に述べたように、高師の四年生のとき、森先生は一年間、福島先生のお宅に下宿させていただきました。その際、福島先生と親交深かった林謙次郎先生を知るようになり、時々林先生のお宅へ寄せていただく機会を得ました。のちに先生の妻となる松本文子嬢を見そめたのも、この林先生のお宅でした。

松本文子嬢の父上は予備の陸軍大佐で、すでに現役を退き、広島で隠退生活をしていました。当の文子嬢は、広島高女の家政科第一回生で、家が林先生のすぐ近くであったので、時々林先生の仕事を手伝っていたのです。

意中の人として心ひかれた末に、森先生は林先生を通して婚約を申し込んだのですが、先方の両親から快諾はいただけず、返事はノーでした。このときは絶望の淵に突き落とされる思いがしたとのことです。

その頃、校内誌の「曠野」に寄稿の依頼を受け、卒業論文としての「人及び詩人としてのホイットマン」の一部を提出し、その前書きとして、「この小論を、人生の首途において逢うて訣れたわかき一人の旅人にささぐ」とあえて附記しました。それをかの女性あてに送ったのです。

するとこれが機縁となって波紋が生じ、そのうち小日向定次郎先生のお口添えもあって、卒業の頃には略式ながら婚約というところまで到達できました。

学資のこと

さて、広島高師の生活を終えてすぐ開かれた道は、旧制高等女学校の教師でした。当時は高師からすぐ大学へは進めず、一年間就職する義務があったのです。その奉職先となったのは大阪の阿倍野高等女学校で、ここで一年間英語の教師として勤められました。

ところで、広島時代の学資の問題ですが、先に述べたように、とりあえず二か年分は、母方の叔父にあたる山口精一氏が出してくれ、それによって進学できたのですが、後半は匿名の篤志家から学資の提供を受けました。やがて卒業後、恩人たる匿名の篤志家は、サントリーで有名な寿屋の創業者、故鳥居信二郎氏であったことがわかりました。

広島高師を終え、阿倍野高女の教師を勤めながらも、大学受験を志すものですから、やはり学資の問題は気がかりでした。そうしたとき、四日市の実業家小菅剱之助という方が、還暦記念として愛知県と三重県下で学資に困っている俊秀な生徒に無条件で学資を支給するとの話を伝え聞きました。先生は直接、小菅氏の四日市のお宅へうかがって必死の思いで懇願をし、お許しをいただくことができました。

先生は、のちに大学の休暇で帰郷する毎に小菅氏のお宅へ参上し、ご挨拶申し上げられたようです。こうして親族はもとより、二人の篤志実業家の恩情について終生忘れない謝念を抱かれたのは申すまでもありません。

6——京都大学哲学科に入学／第三修学期

西田幾多郎先生の講義

さて、第一志望の京都大学哲学科へ入学したのは大正十四年四月であり、先生はすでに数え年二十八歳になっていました。何しろ当時の京都大学は傍系からの入学に対して極力締め出しの方針をとっており、入学はなかなか容易ではなかったようです。

また、当時の京大の哲学科はその最盛期を謳われた時期で、哲学科の占める比重は、現在とは比較にならぬほどでした。そして何といっても西田幾多郎先生の講義が評判でした。先生の特別講義には、本科生はもとより大学院の学生、そして教官の中からも助教授級の方まで聴きにこられ、大教室もほとんど満員という盛況で、まさに旭日昇天の勢いともいえるものでした。西田先生の講義ぶりは、いかにも独創的な哲学者にふさわしいもので、教卓に向かってじっと立ちっぱなしということはなく、長い教壇の上を、右へ左へ常に歩まれつつ話されました。

西田先生に次いで評判のよかったのは田辺元《はじめ》先生でした。東北大学の理学部講師をしておられたのを、西田先生が自身の後継者として、教え子でもないのに抜擢して迎えられたのです。田辺先生の講義は実に理路整然たるもので、その点では、西田先生よりも論理的でした。

これに比べれば和辻哲郎教授の講義は非常な美文調で、そのまま書物にしても卓れた名文となるほどのもので、しかも独創的でした。

他にも当時のわが国学界において粒よりの権威者が網羅されており、文学部には上田敏、厨川白村、坂口昂先生を初め、哲学史の朝永三十郎、宗教学の波多野精一、心理学の上野陽一、教育学の小西重直等々の教授陣が揃っていました。

このように、当時の京都大学の教授陣には、文字通りわが国における最高水準にある学者が集まっていたのです。にもかかわらず、森先生はどこか一脈ピッタリしないものを感じていたのでした。

アカデミズムへの抵抗

入学間もない頃、森先生は京都の丸善でスラブ哲学者の一人であるロスキーの“The Intuitive Basis of Knowledge”(『根源智の直感』)の英訳とドイツ訳の二種の訳書を購入しました。早速読みかけたところ、まるで砂漠に水を得たように、血の共感を覚えられました。そもそもロスキーは、スラブ哲学の開祖のソロヴィヨフの弟子であり、かのベルジャエフはソロヴィヨフの孫弟子に当たる人です。

そこで、初めて田辺先生のお宅を訪ねた際、このことを話したところ、田辺先生は「そんな茶の木畑に入ってはダメだ」とまるで木で鼻をくったようなお返事をされました。この一件も、森先生のアカデミズムに対する一種の不信と、それについて行けない態度を生み出したともいえます。

こうしたアンチ・アカデミズムというか、在野的な態度が一体何に起因するかについて、先生ご自身は、「自伝」において次のように簡潔に述べておられます。

▼「即ち両親の性格の悲劇的な乖離《かいり》の結果、一小作農家の家に育てられたわたくしは、いわゆる知的教養の代わりに、わが国の農民の辛労の唯中に生長したわけであり、しかもその為に、旧制中学及び高校というエリートコースから外れて、師範学校から高等師範へと、いわゆる傍系の途を辿らされたこと、しかもそれさえ自力でゆけなくて、まったく無縁の人々の好意によって、辛うじて高等教育を受けたこと、しかも師範と高師と大学という傍系の学歴すらも連続して進学することは、制度的に許されないで、二度までも途中で遮断されており、随って大学での同級生は、大体わたくしより六、七歳年下の人だったということなど、しかも以上のすべてを貫いたものは、十五歳の歳から縁あって始めた、絶対主体道への即身的基盤というべき岡田式静坐によって触発されて、少なくとも腰骨を曲げぬという一事のみは、これを貫いて来たことなどによるのであろう」

▼「しかもそれらの他にもさらに遡って考えれば、小学校時代に三河刈谷藩の士族松井立身先生に教わり、また師範時代の校長三浦渡世平先生は、幕府の遺臣の出で

ある。そして広島高師において福島政雄先生を通して親鸞の一端に触れ、また西晋一郎先生を通して、儒教及び禅の風格の一端に触れたということであろう。以上を要約して、大学入学前までにわたくしの辿った道は、これを一言でいえば『非エリートコース』のそれだったと言ってよいであろう」

この一文は京都大学入学までの経歴の概要といってよく、先生自身が辿られた人間形成史の基盤を物語るものといえましょう。

沢木興道老師を知る

当時の京都大学には、「三高閥」というものがあり、傍系出身の者は多少肩身の狭い思いを禁じ得なかったようです。そのため、大学時代の友人としては、どちらかといえば素朴にして時に粗野な熊本五高出身の人々と相親しむようになりました。

こうした縁で、禅の傑僧、沢木興道和尚を知るに到りました。当時、沢木和尚は熊本の大樹寺を去って、市内の桃畑の一隅に仮寓しておられた頃で、熊本五高の学生たちが和尚の禅談を聞くようになりました。それらの学生が卒業して東京や京都の大学に入ってからもご縁が続き、春秋二回、東京・京都を訪ねて数日ご滞在なさるようになったのです。

最初はどうも横紙破り的な感じがして、たいして親しめなかったのですが、五高の友人に誘われて聞くうちに、これはなかなか容易ならぬ禅僧ということが解り出しました。

そのうちお世話役の草場弘氏が東京へ行かれたので、森先生がその会場や宿として自宅を提供するほどになりました。その頃は、すでに大学を卒業し大学院に籍を置く身で、北白川の西町に家を持っておられたのです。

その同じ頃、郷里の新美《にいみ》保三氏（半田の眼科医）が三高在学中で、先生宅に下宿していました。新美氏の先代直先生は森先生のことをたいへん心にかけられ、医者になるなら学資を出してあげようとまでいってくださっていた方でした。

とにかくこうして大学時代に沢木和尚を知り、また一つの巨きな影響を受けられたようです。その提唱を新鮮かつ切実に聞いたということは、大学の講義のみでは魂の要求が充たされなかったからともいえましょう。また大阪中之島の生んだ高僧慈雲尊者への導きも、沢木和尚によって種蒔かれたのでした。

福田氏夫妻との親父

森先生は、いわゆる「京都学派」と称せられる人々にもついてゆけず、さりとて五高系の人々の粗大さにもついてゆけず、また広島高師出身の人々とも道を異にする他なかったのです。先生はすでにその頃から、「思想の歩みというものは唯一人の道であって、孤独寂寥は思想に生きる者の運命である」との考えに到達しておられました。

そうしたとき、真の「人生の友」といえる福田武雄夫妻とめぐりあうことができました。

先生の京都在住は、大学の本科（三年）と大学院（五年）とで前後八年に及びましたが、真に心の友として親交を結ばれたのは、ついに福田氏夫妻の他なかったのです。その頃、福田氏夫妻は同和地区の小学校に勤めていました。夫君は終生その途を歩み、また夫人はのちに京都府立盲学校に転じ、盲生教育にその後半生を捧げるというように、世にも稀な「教育妙好人」のご夫妻でした。

野の思想家

福田氏夫妻と親交を重ねたおかげで、いわゆる「野の思想家」といわれるすぐれた群像を知ることができました。野の思想家とは、定収なくして、しかも終始道を求めてやまない人をいうのであって、大学教授のように高給に恵まれて、生活の不安から完全に守られている学者とは相異なります。

野の思想家の中でも、特に宮崎童安氏を福田氏夫妻のおかげで相知るに到ったことは、特筆すべき出来事でした。宮崎氏は、『乞食桃水』によって世に知られ、当時武蔵野の一隅にあって、定職を捨て、幾多の困難にもめげず、捨身求道の一路を歩んでおられました。

今一つ福田氏夫妻から受けた恩恵の一つは、新井奥邃《あらいおうすい》先生の語録集である『奥邃広録』全五巻に初めて接し得たことです。

ある日のこと、福田氏のお宅へお邪魔し、二階の座敷に通されて、その書棚を見ると、丁度その書架の中央に、多年探し求めた『奥邃広録』を見出した先生は、まさに狂喜せんばかりに驚いたのです。それというのも、広島高師時代に、山川丙三郎訳のダンテの『神曲』を入手した際、その序文代わりに奥邃先生の幽玄極まりない語録が載っており、「この日本に一人の隠者あり、その名を新井奥邃という」という感慨に打たれ、心深く刻まれていたからでした。

それ以来、新井奥邃の著書を探し求め、また人にも尋ねましたが、誰ひとりとして答えてくれる人に出会いませんでした。その後、七年の永きに及んだ末、ついに福田氏のお宅でその念願を果たすことができたのです。すでに奥邃先生は世に亡く、今生で相まみえることはできませんでしたが、森先生が終生、奥邃先生を「幻」の師として敬慕し憧憬し続けられたことは申すまでもありません。

7――学問・人生観に開眼した大阪時代

哲学と倫理の専攻科講師に

京都修学時代とは本科三年と大学院五年を指すわけですが、その大学院五年間は、これから述べる大阪時代十三年と重なりあっています。というのは、本科三年を終えて大学院に籍を置いてからは、週三回、大阪の天王寺師範と女子師範の専攻科の講師として奉職したからです。担当は哲学と倫理で、哲学の時間には西田幾多郎先生の『善の研究』を、また倫理の時間には西晋一郎先生の『倫理哲学講話』をテキストとし、これを徹底的に嚙み砕いて講義しました。

思えば、西・西田という二人の恩師の処女作をテキストとして、それぞれ週に二時間、しかも三年間、書物を変えないで講義したのですから、ここにもかなりな徹底ぶりがうかがわれます。この当時の講義内容の一端は、「下学雑話」や「森先生訓話集」（旧全集八巻）として、今なお光芒を放つ語録として遺されており、当時の授業風景は「森教室の思い出」として伝えられています。

開眼の機

さて、その頃特筆すべき開眼の機が訪れました。それは昭和三年の九月のことで、すでに先生は三十三歳、大学院生の頃です。天王寺師範の専攻科一回生の教え子として道縁の深かった山本正雄氏から、その年の夏休みに氏が尊徳翁の遺跡廻りの際に買い求めた二宮尊徳翁の『報徳記』と『二宮翁夜話』の二冊を贈呈されたのです。

その『二宮翁夜話』を開けば、その第一頁に

「それわが教えは書籍を尊まず、ゆえに天地をもって経文とす。予が歌に〝音もなく香もなく常に天地《あめつち》は、書かざる経を繰り返しつつ〟とよめり。かかる尊き天地の経文を外にして、書籍の上に道を求むる学者輩の論説は取らざるなり。云々」

と喝破されているではありませんか。この一語によって先生が大学入学以来抱き

続けてきた多年の迷いは濶然として氷解したのでした。

それまでにも、西欧の哲学書の単なる紹介や解説だけでは真の哲学ではないとは解っていました。しかし、アカデミズムの残滓《ざんし》が、まるで尾骶骨《びていこつ》のように付着していたのです。それが一瞬にして霧消したのでした。

先生は、尊徳翁の語録によって、生涯を貫く学問観の根本的立場を授かったのです。これが「真理は現実の唯中にあり」という一語に表わされた学問観です。有為転変の現実界こそ真理の宝庫であり、いかなる古典的名著といえども、真理のイメージを示す栞《しおり》というか手引書にすぎないことを確認したのです。

しかしこうした学問上の開眼に到るまでの深因を考えてみますと、学問とはおよそ縁遠い地方師範の一講師として、その学問探求の生活をスタートせねばならなかったという現実的重圧と、十五歳のときから、岡田式静坐法との触発によって「腰骨を立てる」という一事を貫いてきた「主体性の堅持」が、時あってはからずも、尊徳翁の「天地不書の経文を読め」の一語によって触発開眼の機を得たものと思われます。

人生二度なし

「真理は現実の唯中にあり」は学問観に関する開眼であったわけですが、引き続き、人生への「開眼」が始まりました。それは、現実を支える根本的最基盤への注目であり、凝視から導かれたものでした。

その頃の先生は、まさに凄絶ともいえる読書三昧の日々であり、眼を酷使する極限をすら感じたのではなかったかと思われます。そこで「もし盲人になったら――」というのが、その頃の日常における根本的な危惧であり想念であったようです。当時天王寺師範の東側に府立盲学校があり、その姿を眼にする機会が多かったためでもありましょう。先生自身も、何どき盲人になるかもしれぬ身だということを思うのでした。

こうして地位なり名誉というものがいかにはかないものであるかということが、観念でなく、切実なわが身の実感としてわかり出したのです。そしてわが「生」の根本的基盤を徹底的に掘り下げたとき、結局「人生二度なし」という最根本的な事実即真理に眼覚められたのです。時に三十三、四歳頃であったと思われます。思えば、今までの生い立ちと宿命により紆余曲折のコースを辿らざるを得なかった全体験が、この一語に凝縮したといえましょう。こうして「人生二度なし」が、全生涯を支える一語として、凄まじい生き方の根本的原動力となったのです。

文莫会

専攻科の講師として週三日（水・木・金）授業を受け持ち、京都から通っておりましたが、木曜の晩は、平野の大念仏寺に泊めていただくことになりました。その機会に、教え子の中でも道縁の深かった山本正雄・野中護を初めとする数名が集まり、森先生を中心に読書会を開くことになりました。

そこでは山上管長が「仏教概論」を、儒学者の乾《いぬい》静斎先生が「易経」を、そして森先生が西晋一郎著『実践哲学概論』を、おのおの一時間ずつ教授しました。

この読書会は、乾先生によって「文莫会《ぶんばくかい》」と名付けられて、昭和四年十月から二年ほど続けられました。これはのち「斯道会《しどうかい》」と名を改めて再開、発展することになります。

伊藤証信師との交流

まだ京都に居を定めておられた頃、西三河の伊藤証信師と相知り、お互いに交流を重ねました。証信師がはるばる西端（現碧南市）から週三回（土・日・月）、京都の自宅（北白川の上終町《かみはて》）まで通ってこられ、証信師が森先生に仏教を講義し、森先生は証信師に西洋哲学を講義する——というわけで、お互いに交換教授をしたのです。それが五年半に及んだというのですから特筆すべきことです。

伊藤証信師は、三十歳で真宗大谷派から脱宗宣言をした独立宗を建て、かの河上肇博士が最初に宗教の師として入門された「無我愛」の創唱者です。

森先生が伊藤証信師から学んだことは、仏教学の大要だけでなく、ライプニッツ哲学の形而上学的基礎である「一即一切、一切即一」という世界についての現実的体験でした。あるとき先生は「『善悪不二』はわかっても、『知愚一如』のほうはわからない」と正直に告げたところ、証信師から「善悪不二がわかりながら知愚一如がわからぬとは、おかしいじゃありませんか」といわれ、まだその頃は観念的理解の域を出ていなかったのだと、後年述懐しておられます。

こうして証信師によって、絶対的平等観ともいうべき真理の開眼に導かれたのです。絶対的平等観とは、「すべて物事に絶対的な優劣はない。立場や尺度によって優劣は変わるゆえ、結局優劣というのは相対的でしかなく、絶対的立場にたてば、すべては皆絶対平等にして絶対唯一の独自性を持つ」という考えをいいます。

大阪転住

八年住み慣れた京都の地を去るべき日が来ました。大学卒業後、丸五年大学院に学びましたが、その間京都では就職のポストは得られませんでした。というのも、いわゆる「京都学派」と呼ばれる人々とは、根本的にその学問観を異にしていただけでなく、あまり付き合いもなく、学業は首席の身でありながら孤独の道を歩まねばならなかったからです。また母校の広島高師にも迎えられなかったことは、思いもよらぬことでした。

結局、昭和六年、大学院卒業と同時に天王寺師範の嘱託講師から専任教諭として正式に就職が決まり、大阪へ転住を余儀なくされました。時に数え三十六歳でした。移り住んだのは、田辺西之町七丁目で、一歩外に出ると一面の畑が広がっていました。

粗々しい赤土の上に立った先生は、学問の都を離れた寂寥につつまれ、全く天地の間に「ただ一人立つ」の感慨を抱かれたようです。しかし、こうした孤独寂寥こそ、いやしくも真に哲学を専攻しようとする者にとって必然即最善の道であったのです。

やがてそれが実証される日が訪れるわけですが、当時は知るべくもありませんでした。その当時の不安な心境は次の歌によってもうかがわれます。

わが力己れ恃《たの》むにあらねども行く人のなきこれの道かも
大いなる光は照れれ慕ひゆく己が歩みのおぼつかなしや

処女作の執筆

さて、その頃は一日に大体七時間以上は読書に専念されたようです。学校での授業の空き時間の三時間の外に、授業後二時間は必ず学校で、自宅に帰ってからも二時間は読書に没頭しました。

当時の研鑽ぶりをつぶさに見聞していたのが、野中（端山）護氏でした。野中氏は先生の宅の隣に下宿し、物干場づたいに先生の部屋へ往き来したほどの仲でした。このことは端山氏の『森先生とともに』（昭和四十年刊）に詳しく述べてあります。

昭和六年十月二十九日、実母の姉にあたる植村の山口家の祖母が亡くなりました。広島高師時代の二年間、学資の支援を受けた従兄の山口精一氏の母親にあたる方です。

その葬儀に列した先生は、棺を土中に埋めるのを見届け、一握りの土をかけたとき、なんともいいようのない人生の無常感に襲われました。数日間の寂寥の果て、ついに処女作『哲学叙説』の執筆に着手したのでした。これが、昭和七年末、金原省吾氏のご懇情により出版されました。

なお大学時代最も親しかった野口恒樹氏は、愛媛師範専攻科で、この書を哲学のテキストとして永く使用されておられました。

東京生活と「東京だより」

昭和七年十月から半年間、国民精神文化研究所の第一回研究生として大阪府から派遣され、東京生活を送ることになりました。あまり気乗りがしなかったのですが、なにしろ同研究所の教授に恩師西晋一郎先生がおられたので承諾したのです。半年間の東京生活で得たものは、首都「東京」の実体の確認に加えて、東洋美学の権威者金原省吾氏に接し得たことと、「野の思想家」の江渡狄嶺《えとてきれい》氏に出会ったことでした。

またその間、大阪有志の道友に対し、五回にわたり手紙を送られ、これを有志者がプリントして大阪在住の同志に配られたことがありました。いわゆる「東京だより」と称するものです。これは、先生が自らの学問思想の信念を披瀝した内容になっており、読む者に真の自覚と自立を強く覚醒せしめるものがあります。

こうした東京生活で最大の収穫は、研究所における講義内容ではなくて、〝真の学問は結局地方にあって、絶対自立の主体性を確立して生きる他なし〟ということでした。この思想信念が授業のうえに見事に実を結んだのが、のちに公刊される名著『修身教授録』でした。

「斯道会」の発足

その頃、広島時代の畏友柳川重行氏が雑誌「混沌」を出してペスタロッチ運動を起こしました。また今一人の友、松本義懿《よしい》氏は西先生を仰いで藤樹彰徳会を興し、月刊「藤樹研究」を発行するに到りました。森先生としても、今や真の学問の道は必ずしも大学の研究にあるのではなく、むしろその昔、藤樹先生や石田梅岩先生などによって開かれた道にこそ、本質的なものがあるとの考えに到っておられました。

こうした考えから昭和八年「斯道会《しどうかい》」を発足し、月一回の読書会を始めると共に、夏・冬の休暇に、研修会を開催することとなりました。夏休みには、決まって西晋一郎先生と福島政雄先生を講師としてお招きし、冬休みは、先生ひとりがこれに当たり、終始一貫しました。

この運動は、先生の渡満後も続けられ、戦局の苛烈激化のため帰国できない年まで続きました。なお冬の講本としては、『石田梅岩事蹟』『二宮翁夜話』の他に『葉隠抄』『教育者としての乃木大将言行録』等が使われました。

『恩の形而上学』

昭和十年六月頃、森先生は西晋一郎先生より突然「学位論文を書くように」との手紙をいただきました。これは思いもよらぬことでしたが、恩師のご命令です、先生はその年の夏休みの一か月をかけて一気に論文をまとめあげました。のちに『恩の形而上学』となるものです。

そのことを西先生にお伝えすると、先生から「学位論文というものは、その人がどれだけ学問したかを証明するものですから、博引旁証《はくいんぼうしょう》を十二分にしなければならぬ」云々のお手紙をいただきました。まだ下稿をお送りしていない段階にそうしたお返事をいただいたので、森先生は、自分には学位論文など縁なきものとあきらめて、折角の恩師の言葉ながら、学位論文提出の一件はお流れに終わりました。

しかし、結果的にはこの『恩の形而上学』によって生涯の学問的基礎が確立されたといえましょう。この書の最初の書名は「絶対最善観」だったそうですが、これによっても本書のねらいが推察できるといえそうです。

『学問方法論』

引き続き、翌々年昭和十二年の夏休みに十六日かけて下稿を仕上げたのが『学問方法論』です。

それ以来、一冊の草稿というものは、だいたい十日から十二日、長くて半月で一気に書き上げる傾向が定着したようで、これが八十歳を越える執筆まで続いたのは驚くべきことです。

この『学問方法論』は、いかにして「恩の形而上学」という独自の哲学体系を生み出したかという、その歩みの披瀝であったわけです。すなわち真の学問とはいかにあるべきかを世に問う内容で、生涯にわたる「学行合一」の歩みを示唆されたものとなっています。八十歳にして「全一学」の創唱につながる必然の兆しが、すでに本書には示されております。

芦田恵之助先生との道縁

その頃教育界では、芦田恵之助《あしだえのすけ》先生の『国語教育易行道』が世に出て注目を浴びていました。これを読まれた先生は、珠玉の一巻なることに感銘しました。そしてその国語教壇を初めて目にされたのが、稲荷小学校でした。

そのとき、『修身教授録』のプリントを差し上げたのが、芦田恵之助先生との道縁の始まりとなりました。

当時、『修身教授録』は斯道会ですでに三冊謄写刷りが発行されており、これを読まれた芦田先生はいたく感動せられ、これを自分たちの所依経にしたいとのことで、芦田公平氏（ご長男）経営の「同志同行社」で印刷発行されることになりました。森先生の出された唯一の条件は、印税は一切いらないが、ぜひ全五巻本として

――ということでした。

これが「同志同行」に連載されるや、たいへんな好評を博し、当時としては隠れたベストセラーとして注目されました。この『修身教授録』によって、一地方師範の無名の教師が、一躍、全教育界に知られるようになったわけです。全国の心ある教育者との数多くのご縁が、この書によって結ばれたといっても過言ではありません。

ところで第二巻の刊行に前後して、森先生は旧満州の建国大学に赴任することになります。これは、恩師の西晋一郎先生のお勧めによるものでした。

このときのいきさつを少し詳しく述べますと、森先生、四十三歳の斯道会夏季研修会のあと、西先生より少し話があるとのことで西先生の常宿であった道頓堀北詰の河内屋へ立ち寄ったところ、「実は君にお願いがある。満州の建国大学へ行ってもらいたいのだが――」ということです。

森先生としては寒い地は苦手なのと、すでに生涯を国民教育に捧げようと決心を堅めておられたので、その旨を申し上げましたところ、その後西先生はひとことも発せられず、双方共に沈黙のまま、実に半時間対座のままでした。
こうして、さすがの森先生もお受けするほかなく、絶体絶命の思いで承諾せられたのでした。そしてついに大阪の地を離れることになりました。これが生涯における重大な異国体験の時機となったのです。

かえりみて大阪十三年は、森先生にとって、人間形成の上からも、また学問形式の上からも基礎形成期に相当するもので、まことに意義深いものでした。この大阪時代十三年がなければ、独自の学問もできなかったであろうし、ましてや人間的鍛錬においておやといえると思います。

8――辛酸忍苦を味わった建国大学時代

豪華な建大教授陣

建国大学赴任を決意し、その決定をみたのは昭和十三年の夏でしたが、いよいよ渡満したのは翌十四年の四月でした。

師範学校での十三年間、異色の卓れた教育者として尊敬と注目を浴びてきただけに、森先生の建国大学赴任の報が伝わるや、周囲の人々に一大衝撃と賛否両論の波紋を引き起こしました。四月五日正午すぎ、大阪駅出発に際しては、全く予想外の大人数の見送りを受け、万歳の声に送られて旅立つことになりました。

建国大学設立の目的は、将来満州国の中堅指導者となる人物の養成にありました。「五族協和」をめざす建前上、建国大学には日本人はもとより、満州・台湾・朝鮮・

露人を含む俊秀な学生が集まりました。教授陣にも名物教授が多く、とりわけ名誉教授の登張《とばり》竹風先生は、わが国に初めてニーチェを紹介した方であり、ニーチェの『ツァラトゥストラ』を仏典風に翻訳した『如是経』は、不滅の名著といえます。

その他、名誉教授として、西晋一郎・寛克彦・平泉澄の三博士のほかに、「満人教育の父」といわれた岩間徳也先生がおられ、また中山優氏も年二回来講なさいました。国際教授としては、中国人の鮑明珍・蘇益信氏、それに朝鮮人の著名な歴史家の崔南善教授がおられました。

そのほか、日本から招聘する講師として、作田荘一先生よりご指示を受けて森先生が推挙されたのは、東洋美学の金原省吾先生、神道哲学の鈴木重雄先生、それに仏教学の伊藤証信先生で、いずれもそれぞれの分野における「在野の思想家」でした。

夏冬の帰国

大学における講座は、前期（三年）の学生には「哲学概論」と「精神講話」を、後期（三年）の学生には「東洋哲学」を担当しました。就任二年目に入ってからは塾頭を兼任することになり、学生と起居を共にし、その責任の重大さが倍加されました。常に学生の日記を精読し、また塾単位の座談会を開き、学生の声に耳を傾けつつ、適切な指導に明け暮れる日々でした。

毎年夏・冬の休暇中には決まって帰国し、大阪の斯道会を初め各地の国民教育者の会合にも出講しました。とりわけ、知多哲学会では、名古屋師範の先輩である西山茂氏が中心となり、毎年乞われて二日間にわたる講習会の講師を勤めました。当時の講義録として残っているのが、『南洲翁遺訓』であり、『近思録講義』です。

ところが日中戦争が激化のため、昭和十七年の夏休みを最後に、関釜連絡船も危険となり、帰国できなくなりました。

開拓少年義勇隊のための「教本」

学内での「精神講話」を担当していた関係上、先生は満鉄からの講演依頼を受け、満州国内の主だった地方を巡回することがしばしばありました。その当時、少年義勇隊訓練本部の参事として活躍の渡辺脩氏から、義勇隊少年のために「教本」を書いてほしいとの、たっての依頼を受けました。そこで実地視察のため一面坡訓練所と勃利訓練所の視察に行きました。

その地で出会った教官の一人、永井幹夫氏との道縁は長く続くことになりました。ちなみに永井幹夫氏は渡辺脩氏の教え子であり、敗戦後にはシベリア虜囚の身となりました。また永井氏の不在中、シベリア軍の侵入に先立って母親と妻が自決するという悲惨きわまりない体験をすることになるのです。

渡辺氏から依頼を受けた森先生は、わずか十四、五歳のいたいけな年頃で遠く北満の地で起居を共にする義勇隊少年たちの胸中を思い、『修身教授録』満州版を書き上げました。しかし、東京の印刷所が空襲のため灰燼《かいじん》に帰し、陽の目を見ることはありませんでした。

作田先生の退官

昭和十七年、突如として満州系の学生の中から思想事件が勃発し、満人系学生が十八名、憲兵隊によって逮捕監禁されました。この事件は、学内の教官が中心となった思想問題ではなくて、その根は学外にあり、遠く延安から手が延びていたものです。学生のうち数名が満州の国境を越えて、遠く延安へ脱出したことによって、この問題は、ひとり建国大学内部の大事件というだけではすまなくなっていました。

副学長の作田荘一先生はひそかに退官を決意し、その由を告げて、森先生に教務課長を引き受けるよう要請されました。事情が事情ですから、先生も承知せざるを得ませんでした。

しかし、建国大学のそもそもの生みの親である作田荘一先生なきあと、学内はまったく蟬の抜け殼のようになり、大きな空虚感が漂っていました。

しかも作田先生の後任として赴任したのは、尾高亀蔵という予備役の陸軍中将で、傍若無人の人物でした。かの東条英機もへきえきし、遠く満州の地へ追っ払ったほどの人物だったのです。

この尾高は「赤鬼」と異名をとり、前副学長の作田先生から全幅の信頼を寄せられた森先生には殊に厳しく当たり、結果、森先生は全学百数十名の教職員から非難の矢を一身に受けることになったのです。

当時の憤懣《ふんまん》やるかたなき思いを先生は次の歌に託しておられます（歌集『国あらたまる』より）。

あきめくら刃物もてれば突きあたる人らの多くみな傷つくも
閣下と呼ぶこと堪へ難くしてわが椅子を擲《なげう》たんとせし幾そたびなりし

こうした烈しい怒りを秘めた歌は、生涯においても滅多に見られぬものです。

「敗戦」の報

やがて教務課長の任期も終え、一年ぶりに身軽な身となって間もなく、先生は学生募集の命を受けて朝鮮各地に出張しました。昭和二十年八月十四日、最後の出張先である平壌に入り、鉄道ホテルに一夜を過ごし、あけて翌日正午、ホテルの広間でラジオに耳を傾けていると、雑音でたいへん聞きとりにくかったのですが、日本の降伏を宣言する陛下の玉音が流れてきました。

このまま朝鮮を南下してはと勧めてくださる方もありましたが、それには応ぜず、建国大学に帰るべく北上を決意しました。ホテルを一歩出ると、すでにそこには群衆がたむろし、ただならぬ雰囲気がたちこめていました。多年にわたり植民地としての統治下にあった群衆にとって、独立解放の歴史的瞬間の訪れだったのです。

こうして、敗戦により建国大学七年の生活にも終止符を打つことになりました。時に建大の教職員の仲間から「軟弱漢」といわれ、「来る場所を間違えたのでは――」と見る人もあったようですから、人間関係の辛さを最も味わい尽くした厳しい時期ではなかったかと思われます。

また、建大時代に執筆したもので、今も収録されているのは、『学統論』『実学の再建』『孝の形而上学』の三編を数えるのみで、有形的にも実りが少なかったといえましょう。ただひたすら辛酸忍苦の時代だったといって過言ではないでしょう。

9──命からがら祖国へ

一路新京へ

平壌で玉音放送を聞くや、すぐ平壌駅で新京行きの切符を購入し列車に乗ったものの、ノロノロ運転で、二昼夜の長時間をかけて、やっと奉天駅についたのは、八月十七日の午前十時頃でした。

その時、長男の惟彦《これひこ》君が、奉天北部の文官屯にあった造兵廠《ぞうへいしょう》に勤労動員で来ており、その安否を気遣い立ち寄られました。奉天駅前は、平壌駅前のときより民衆が殺気立ち、日本人の周章狼狽ぶりが歴然としておりました。やっとの思いで馬車を頼み込み、惟彦君に面会し、一緒に帰ろうとしましたが、自分だけが父親に連れられて先に帰ることは友達の手前悪いとの言葉にしたがい、惟彦君を残して、先生はひとり新京の官舎に帰られました。

十幾日ぶりで家に帰ると、戸締まりがされたままで中は全くの無人でした。聞けば文子夫人は、二男の克彦君（当時十二歳）と三男の迪彦《みちひこ》君（当時五歳）、そして多年家族同様の遠縁のふくさんと連れ立ち、すでに八月十日、ソ連軍の侵入に先立って、新京を脱出しておられたのです（この新京脱出、帰国の記は、文子夫人の手になる『脱出行』に詳述）。かくして深夜、東安街の官舎より南嶺の建大まで急ぎ訪ねたのですが、すでに閉鎖されておりました。

ソ連軍の侵入

ソ連が満州国境を越えて侵入を開始したのは八月九日で、はや二十日頃には、新京の街中では自動小銃を持ったソ連兵を見かけるようになりました。森先生は不気味な戦慄を覚えました。今まで低姿勢だった満州人までも、急に態度を一変させ、傲然と闊歩し出したのですから、悲哀の極みでした。

収入の路も断たれ、売り食い生活に頼る耐乏生活が始まりました。やがてソ連軍の「刀狩り」が噂されましたので、無銘の志津三郎の長刀と、珍しい「長巻き」と称するもの二振りを、地中深く埋めました。これは俠商ともいえる野田潔氏より分けてもらったものでした。この野田潔氏はまさに葉隠精神の体現者で、文字通り高潔の士として忘れがたいお方のようです。

その間、ソ連兵の強盗さわぎもありました。満州人二名を連れて家に押し入り、金目のものを探しまわったが見当たらず、結局毛布や洋服、食糧などを持ち去るにとどまりましたが、肝を冷やす一件でした。

また、かつて同僚であった隣の筒井清彦氏がシベリアに送られたため、留守中の家族を引き受け、同居することにもなりました。

こうした日々を送っているうちに、ついに来るべき十二月十四日になりました。ソ連兵の取り調べを受けることとなり、拘禁されてしまったのです。拘禁六日目に「全員防寒具をつけて衛庭に整列せよ」との命令が下りました。いよいよシベリアへ送られるかと覚悟のほぞを決めたのですが、先生の名はついに呼ばれませんでした。衛庭に残ったのは、たった二人だけでした。

その翌朝、釈放の身となりました。ソ連将校の宣告が一人の白人通訳によって伝えられました。

「トシヲトッテイルノデ、シベリアヘオクルコトハシナイデシャクホウスル」

それからその通訳は声を落としていいました。

「先生、この動乱の中ですが、どうぞ身体だけは大事にして、研究だけは続けてください」

驚きのあまりよく見れば、かつて建大にいた白系露人の学生でした。危機一髪のところで、かつての学生によって救われました。

新京脱出

釈放されはしたものの、それには一つの条件がありました。「隠れている日本人の軍人や警官を密告せよ」というのです。しかしこれだけは断じてするわけにはいかないと、先生は新京脱出の覚悟を決めました。

リュックには西晋一郎先生揮毫《きごう》の「思之思之重即思之神其通之」（之ヲ思ヒ之ヲ思ヒ重ネテ即チ之ヲ思ハバ神其レ之ヲ通ゼシム）の書幅、山本正雄氏よりいただいた慈雲尊者の「花開万国之春」の御軸、さらに硯二面——その一つは宗不旱《そうふかん》作のもの——を詰めました。

さていよいよとなると、旧塾生の金森君が、泣いて同行したいといいだしました。また、長男は中学三年で虚弱体質なので、筒井氏の家族に托すことにしました。こうしてひそかに家を出たのは、昭和二十年十二月二十七日の早朝でした。

新京駅の改札口にはソ連兵が見張っていました。その監視の網の目をくぐり抜けて車中の客にまじり、やっとの思いで奉天についたのは夕方の五時すぎのこと、すでにあたりは薄暗くなっていました。夜はたいへん危険であるため、とりあえず中国人宿に一夜を過ごしました。

その翌日、元塾生の源田君の家を探すより他なく、足を棒にして探し廻ったのですが、身を隠しているのでわかろうはずがなく、もう一晩、安宿に泊まりました。さらにその翌日、尋ね歩き、もはや断念の一歩手前で、ついに居所をつきとめることができました。

忘れざる恩情

厚意に甘え、二人は源田家の食客としてお世話になりました。何しろご主人はシベリア抑留の身で、その留守宅に厄介になるのですから、恐縮のいたりでした。そのうえ、しばらくして肝心の源田君が発疹チフスに罹り、亡くなるという悲痛な事態となりました。これ以上迷惑をかけるわけにはゆかず、二か月有余にわたるご懇情を謝して、源田家を後にしました。それは二月中旬厳寒のさ中で、二人はあてもなく路頭にさまよい出たのでした。

当時二人の持ち金はあわせても二千円しかなく、食べるだけでも十日余りの露命をつなぐのがやっとのことでした。あの当時人口百万を擁する大奉天において、二人の身を横たえる所はどこにもありませんでした。持ち金の乏しさを思えば、宿には泊まるに泊まれない身だったのです。

二人は今宵一夜の泊まりを求めてあちこち歩き廻り、ついに奉天郊外に近い所で、二軒長屋の一軒の空き家に辿り着きました。この空き家で二人は防寒外套をつけ、防寒靴をはいたまま、ゴロ寝をきめこみました。それからのことは、冒頭に述べた通りです。隣家の方に呼びかけられたお蔭で、九死に一生を得られたのでした。

その後、「祖国への引き揚げ」が開始されることになり、それぞれがリュック一つを背負い、奉天から錦州へ向かいました。そこで半月以上も滞留し、また発船するコロ島でも三日滞在したのち、いよいよ出帆の日となりました。コロ島から、六日もかかった船中生活は、半ば牢獄を思わすような窮屈さと単調さでしたが、六月七日、ついに憧れの祖国を再び目にすることができたのです。

○人はせめて、自己の苦しみを甘受するだけの覚悟に到るべきなり。
○天下第一等の師につきてこそ、人間も真に生き甲斐ありというべし。

(『下学雑話』より)

10――浪々七年

祖国生還

日本に着いたものの、すぐに上陸できたわけではありません。恋い憧れた祖国の山河を眼前にしながら、舞鶴港に停泊した船中に空しく一夜を過ごさねばなりませんでした。それだけに、翌六月八日の朝午前八時頃から徐々に上陸を許され、踏みしめた舞鶴港の埠頭は、待たされた分、五体にしみわたる感触であり感激であったことでしょう。

埠頭の引揚者援護局で菜っ葉服色の木綿の外套をもらい、二人はとにかく大阪駅まで辿り着きました。しかし、そこに期待した金森君の親の姿は見あたりませんでした。

とにかく妻の実家に辿り着き、玄関の呼び鈴を押すや、鉄扉を開けたのは、意外にも妻文子さんでした。新京に残してきた長男のほかは、すでにみんな帰国していたのです。事情を聞けば、親戚の者が軍の少年工の教官だったため、敗戦直前に軍命令を受けて、九月一日、奇跡的に唐津に上陸生還していたというのです。夢のようとは、まさにこのことでした。

これの世のかかる現実《うつつ》もありにしか神よ仏よかかる現実《うつつ》の
家族《うかか》らのいのち全《ま》たけくふたたびぞこの皇国《すめぐに》に相逢へるなり
（歌集『国あらたまる』より）

再建の道

十か月早く帰られた夫人の尽力によって、すでに生活の基盤が築かれていたのは何よりでした。経済上の責任を負う心配もなく、衰弱した身の回復をはかることができました。

やがて先生の無事生還を伝え聞いた同志の方たちの来訪が相次ぎ、かつての教え子端山護氏（異母兄妹の妹婿）も大平馨氏も、いち早く訪ねてくれました。山本正雄・池辺正雄・佐々木正綱氏を初めとする天王寺師範の教え子の来訪もありがたいことでした。とりわけ師範時代の恩師八木幸太郎先生が、七十八歳のご高齢の身で、極度の交通難の中はるばる訪ねてくださったのは、ありがたさの極みでした。

あの奉天の零下二十七度の空き家に凍餓死を覚悟し、三日目にして起ち上がり、再び生きて帰り得た身に、次第に思想的内観と新生が行われました。これを体系的に自証するのに、十年余の歳月を要しました。それがすなわち、叢書『国と共に歩むもの』（全五冊）であり、『第二の開国』であり、『日本の方向』でありました。

しかし、帰国直後のほぼ一年間は、作歌三昧に明け暮れ、戦後民族のうえに進行しつつあったもろもろの様相を静観するばかりでした。

一億の民のあゆみの過《あやま》ちを厳《いか》しき神の審《ただ》したまひし

戦災の廃墟に立ちて自《し》が罪をただにしおもふ秋風の中に
こころなき山川草木の上だにも憂ひの色の見らるるものを
大いなる光照れれば国民《くにたみ》のいのちや竟《つひ》にあらたまるべし

「旅」の開始

かつて森先生から教えを受けた人たちは、このたびの敗戦を先生はいかに受けとめておられるかという関心を抱いていました。また、この異常な混乱期をいかに生き抜くかという切実な思いから、ぼつぼつ先生の来講を願う方々が出始めました。

その手始めとなったのが郷里の愛知県下と、鳥取県の出雲と石見の旅でした。鳥取県仁多郡の阿井中学におられた加藤歓一郎氏の招きと寺田文市氏の世話で県下の僻地の山深いコースを巡回した旅は最も印象的だったようで、「出雲の子」と題し歌集に残されております。

二里に近きあの山路《やまみち》を送りくれしかの子ら愛《かな》し思ひ出《い》でつる

白雲の出雲の国の山深く逢ひにし子らを忘れかねつも
手作りの草履を穿《は》きて吾がカバンもちてし子らの丈低《たけひ》くかりし

交通難、食料難の厳しい旅の途中、無蓋《むがい》のトラックに立ちつくし、山みちを送ってもらった晩秋のひととき、激しい時雨《しぐれ》に打たれ、旧軍隊の木綿の外套がずぶ濡れになった思い出も忘れがたいものでした。

「開顕」の発刊

こうして講演の依頼を受けては、寒村僻地をいとわず出掛けられました。

自分の就職問題には一向に気乗りせず、「自己追放」の意味もかねて、当分職にはつくまいとさえ考えていたようです。今一つ、日本民族の再建は、家庭教育より他なしとの考えから、全国津々浦々を説いて廻りたいとの念願もありました。

そのうち、雑誌発行をとの思いが実り、ついに昭和二十二年二月号より、「開顕」誌を創刊するに到りました。開顕の出典は「法華経」で、「開明顕揚」を意味するようです。

誌友の第一は、地元大阪の、旧天王寺師範時代の教え子たちでした。また第二の基盤は、やはり愛知県下の道友で、この二府県で最低の必要部数が確保されました。さらに芦田恵之助先生の「低平」誌上で紹介されたことにより、かつての『修身教授録』の読者から申込みが相次ぎ、順調なスタートを切りました。

今「開顕」誌を手にすると、その巻頭の上欄に、「立場」と題して「自省を通して新生日本の道を究明せんとす」という一語があるのがひときわ眼を引きます。敗戦の痛苦を異国で身をもって体験した者として、自己の思想的懺悔を通して日本民族の新生に尽くしたいとの願いからの発刊であったことがうかがえます。

そのために、先生は先ず内村鑑三先生を通してキリスト教を、河上肇博士を通して社会主義思想を学び、自己の新生をはかろうとされたのです。

「母と子」の創刊

ところで、「開顕」誌の印刷所である明和印刷は、当時の甲子園の居宅から見えるほど近い所にあり何かと便利でした。そのため、開顕社が明和印刷発行の「子供と科学」誌の普及頒布に協力することになりました。その旨を「開顕」誌上で発表したところ、大部数の支援をいただくことができました。これによって「子供と科学」誌は飛躍的な発展をとげ、初等科学雑誌として一大注目を浴びました。

一方、昭和二十三年五月、ＰＴＡの全国的発足と共に、先生は家庭教育の意義を思い、「母と子」の創刊にふみきりました。こうしたわけで、開顕社は多忙をきわめるようになったのです。

それと同時に、講演行脚の旅の回数も多くなり、長島亀之助氏の紹介により「北信の旅」、杉田正臣、鬼塚八郎氏のおかげで「南九州の旅」、岩田武夫・高橋長一・広崎功氏により「大分臼杵の旅」、そして「東北の旅」は井口信雄氏（三戸）と山野井良吉氏（八戸）によりその礎石が築かれました。

「国と共に歩むもの」

こうした旅の拡大により、その活動は波紋を広げましたが、それを一層大きくし、確かなものにしたのは、叢書『国と共に歩むもの』（全五巻）の刊行でした。その内容は、第一巻「国と共に甦える」、第二巻「われら如何に生くべきか」、第三巻「新しき時代の教師のために」、第四巻「新しき女性の歩み」、第五巻「人及び女教師として」というものでした。

とりわけ第一巻は、自らの思想的な新生の記録であり、民族神観の誤謬と起克、キリスト教とマルキシズムに学ぶべきもの、新たな天皇の意義と民族の使命という四点についての論述であったため、かつての建大関係の人々や、天王寺師範関係、それに旧芦田門下の人々のうちにも、先生の思想的回生に対して、便乗的転向と同一視する人々のあったのは事実です。敗戦を機に先生もマルキストになられたのかという疑問を抱く人も少なくなかったようです。

とはいえ、先生の東西融合の世界観に基づく大局的立場を心から納得する同志があったのも事実であり、その最たる一人は、三戸の井口信雄氏であったと謝念をもって回想しておられます。

「少年科学」の発行

さて「子供と科学」の申込みが拡大するにつれ、その販路拡張の面で、開顕社と明和印刷の営業社員との間でしばしば食い違いを生じるようになりました。それが深刻化し、ついに決裂という事態に到りました。開顕社の営業の直接責任者である文子夫人や若手の間には、対抗誌を出すほかないという意見が濃厚になりました。これを押さえ切れず、雑誌「少年科学」が誕生することとなったのです。しかし何しろ資本力に欠けるものですから、引揚者援護資金の借入れのほか、二男（松本）克彦名儀の甲子園の家を担保に、かなり高額の融資を受けました。

ところが、「少年科学」は発行毎に債務が重なる一方で、やがて高利の金をも借り入れる始末になり、ついに一年にして廃刊という結末になりました。森先生は著述と講演に専念し、直接の営業と経理の面は夫人まかせだったので、開顕社そのものの没落は火をみるよりもあきらかでした。

先生の心労は極度に達し、懊悩の果てにノイローゼに陥り、時に一種の神経的発作すら起こすようになりました。心機一転のため八尾の山本正雄氏（天師専攻科第一回生）のお宅へ二週間ほど身を寄せ、また三河西端の無我苑伊藤証信氏の許へも転地療養するほどでした。しかし、「少年科学」廃刊による全国道友諸氏への迷惑を思うとやり切れず、ついには「死」をもってお詫びするほかないという心境にまで追い込まれました。一時は山陰線の天ケ瀬の鉄橋から、また別府航路の船上から、とさえ思いつめました。

こうしたとき、京都府船井郡の小学校から講演依頼を受けました。先生はそれに応じたあと、船井郡北部の樹海入りを決行しようとしました。しかし同志の登尾仙太郎・片山久雄氏の随行でそれも決行できず、ようやく「思い止まる他なし。これ天意なり」と思うに到るのでした。

こうして開顕社の没落は決定的になり、二男名儀の甲子園の家屋敷のすべてを売却して、個人対象の借金返済にあてました。県の引揚げ援護資金及び金融公庫の分は月賦返済ということとなり、その後十年の歳月を要したのでした。そして「開顕」誌も、やがて昭和三十年十一月号（九十三号）をもって終刊せざるを得なくなりました。

11――神戸大学教授に就任

篠山農大に職を求める

甲子園の家を売却したので、さっそく居宅として探し求めたのが、神戸市灘区楠ケ丘の家でした。二階の北窓の二畳の間を書斎として一応落ち着いたものの、没落した開顕社の後始末はこの楠ケ丘時代に始まったのですから、地獄の底をくぐる思いをされたのです。同時に甚大な負債をかかえる身とて、就職の依頼を生まれて初めてなさったのでした。

県教委の指導部長の要職にあった恩賀一男氏に事情を述べて依頼したところ、あっせんしてくださったのが、県立篠山《ささやま》農大の英語科担当講師の職でした。勤務は週三日（水・木・金）でしたが、神戸市内の自宅から篠山農大まで二時間半から三時間を必要としたため、中二日は宿泊することにし、図書館の司書を勤める方の離れの二階の一室を借りることにしました。

生きること

思えば篠山農大の教授なら、建大奉職時代につながったわけですが、それはかないませんでした。しかも哲学もしくは倫理でなく英語科講師という身分であり、またうちに莫大な負債を抱えた身にとって悲痛やるかたなく、わずかに心の慰めとなったのは、名もない雑草と小石でした。苦境のどん底にある先生が慰安と親愛をおぼえる唯一のものだったのです。

ところで、すでに開顕社は没落しておりましたが、「開顕」誌と「母と子」誌は、苦境のさ中にあっても号を重ねておりました。毎号の巻頭言を初め、論文・随想そして微言と、先生は多様な表現をもって筆をふるいました。まさに健筆ますます冴えるの感がありました。「消息」欄に掲載された旅日記からは、講演行脚の旅の様子がうかがわれ、苦境にめげない気魄すら感じられます。

その当時の言葉として印象深いのは、「今はわたくしにはいわゆる専門というものは無くなった感じが深い。もし強いていうなれば、今後のわたくしには生きることが専門となったという外ない」というものです。

こうしたとき、「開顕」誌に第一回夏安居《げあんご》開催の企てが発表されました。期間は昭和二十七年八月一日より同月八日まで、会場は京都府船井郡胡麻小学校、講本はデューイの『民主主義と教育』で、校長の片山久雄氏と教頭の登尾仙太郎氏のお世話により、食事・入浴・宿泊と諸事万端整いました。用務員室の側に急造の浴室をしつらえ、青竹作りの椽を設けたことなど忘れがたい場面でした。参加者は十八名でしたが、先生の烈火のごとき熱情こもる大講義は参加者全員を感動せしめ、四百頁に及ぶテキストを八日間で全巻読了という大願を遂行したのでした。

ところで、先生が農大の講師として、二泊三日篠山におられるとの噂が次第に広がり、有志による読書会が計画されることになりました。篠山中学教頭の内藤氏が中心となり、参加者を募集したところ、なんと八十名ほどの申込者があり、篠山中学の大教室で、幾つもの裸電球の下で読書会が開かれました。テキストはヒルティの『幸福論』でした。学外においては、森先生の活動がかなりな波紋を描き始めていたようです。それらの人々のうち、遠山真作・小林儀一郎・酒井宇一郎氏その他、道縁が永く続いた方もありました。

神戸大学教授に就任

さて篠山農大の勤務について、先生はその不如意の境遇をいささかも他人にかこつことはなかったのですが、誰いうとなくその不遇さを認めてくださる方があり、神戸大学の塩尻公明氏からお招きの手がさしのべられ、超スピードで決定を見るに到りました。そして思いがけなくも、初めて教育学を担当することになったのです。思えば、人生を小学校教師としてスタートした宿縁により、終生を国民教育関係の人々と共に歩んで来られた因縁のうえから考えても、必然的な天の与えたもうた好機といえましょう。

ところで先生の講義は、「つねに天上と地上、原理と実践の両極を押さえる」ことを念願とするもので、普通の講義に見られるような堅苦しいものでなく、柔軟にしてユニーク、しかも迫力にみちていました。小柄な身体のどこにそんなエネルギーが潜んでいるのだろうかと驚かされるばかりでした。

〝「石も叫ばん」という時代ですよ。いつまで甘え心を捨てえないのですか。この二度とない人生を、いったいどのように生きようというのですか。教師を志すほどの者が、自分一箇の人生観、世界観を持たなくてどうするのです。眼《まなこ》は広く世界史の流れをとらえながら、しかも足もとの紙屑を拾うという実践をおろそかにしてはなりませんぞ。教育とは、流れる水に文字を書くようなはかない仕事なのです。しかし、それをあたかも岩壁にのみで刻みつけるほどの真剣さで取り組まねばならないのです。教師がおのれ自身、あかあかと生命の火を燃やさずして、どうして生徒の心に点火できますか。教育とはそれほどに厳粛で崇高な仕事なのです。民族の文化と魂を受け継ぎ、伝えていく大事業なのです……〟

火を吐くような激しい口調、気魄のこもったりんりんたる声、その眼は深く光をたたえて澄み切り、腰骨はすっきり立っています。（『野の哲人・森信三先生』より）

これは神戸大で教わった俊秀の村上信幸氏の把《とら》えたある日の講義風景です。

急な坂道で体力測定

さて神大教育学部は六甲山脈の麓に位置しており、阪急電車「御影」駅を降り、一キロ近い急坂を登らなくてはなりません。もちろんバスは通っているのですが、先生は赴任の第一日より、バスに乗らずに徒歩であの急坂を登られたのです。当時すでに五十八歳、定年まであと七年、これが自身の体力測定のバロメーターと覚悟しておられました。人呼んで「老朽坂」、この坂を登るのが辛くなったら、もうやめねばならぬというのが名前の由来でした。

ところで先生の講義は一週のうち金曜と土曜の二回に集中していましたので、依頼があれば遠隔地へも講演の旅に出かけました。夜行で大阪駅に着かれた先生は、家にも帰らず、そのまま「御影」からあの急坂を一気に駈け登られたようで、「この分なら、定年後もある程度の活動はできそうだ」と、ひとりひそかに安堵せられたとのことです。思えば、あの急坂を駈け登るだけのエネルギーがなければ、講義と旅と執筆の超人的な歩みは到底なし得なかったことでしょう。

紙屑拾い

先生が神大教育学部に奉職して第一に着手されたことは、廊下その他の紙屑拾いでした。赴任の翌日から拾い始められました。拾っても拾ってもなかなか減りはしなかったのですが、断固として「一切例外をつくらぬ」覚悟をもって、紙屑拾いに徹せられました。

学生の足もとに落ちているのさえ、「どうも失礼!」といって拾われました。半ば軽侮、嘲笑を受けつつも、拾い続けられました。学生たちに「紙屑を拾いなさい」とはただの一度もいわれなかったのですが、半年も経たぬうちに、全学舎の廊下のほぼ八割前後の紙屑が姿を消したのは不思議でした。

ところで先生が拾われたのは、所用で通る廊下で、教室への往復、便所への往復、食堂への往復、図書館への往復の通路に限られた範囲内です。それにしても退職の日まで七年間続けられたのでした。

　こうした日々の活動の中でも、家庭における財政的な苦悩は少しも軽減することなく、篠山農大時代の末期には、俸給の差し押えを食うほどでした。というのも文子夫人の強硬策がかえって裏目に出て、裁判沙汰になり、法廷に出て月賦返還を約束するといういきさつもありました。

　その頃すでに、夫人は開顕社没落以来の心痛から、少し精神上の異常さえ見られました。そこで夫人と、夫人の実家を嗣《っ》ぐ二男の二人を楠ケ丘の家に置き、先生は長男と三男を連れて当分別居ということになり、阪急の西宮北口から二キロ離れた上之町に見つけた田園の中の一画の住宅、六畳と四畳半の離れに入居しました。

　その四畳半は板の間で炊事場兼用でしたが、そこへ上敷を敷いて寝るほど親子三人のつましい自炊生活が始まりました。一家の生計を極度に切りつめ、家計の基礎固めに努められたのです。

「実践人」の発刊

そうした生活にあっても、「開顕」と「母と子」の二誌は、一種の公器として発行を続けたのですが、夫人は昭和三十年の暮れから心身の疲労がその極限に達し、強度の症状を呈して病床に倒れ、入院治療の身となりました。そのため、いずれも昭和三十年に休刊の止むなきに到ったのでした。

そこで新誌名を「実践人」に改め、新たに発足することにし、昭和三十一年四月号をもって創刊することになりました。その創刊にあたり森先生は、「今や戦後第二期として新たなる実践の時代が始まろうとしている。而してこのことは必然的に実践人の使命の重視せらるべきことを意味する」と、その巻頭言に発行の意義と自覚を力説しておられます。

還暦を機に

さて、神大に奉職して三年目の昭和三十年七月、先生はかねてより心に醸成した『教育的世界』について、一気呵成《かせい》にその下稿を書き上げられました。その所要日数は十六日間で、執筆三昧の見事な集中力には驚くほかありません。

この書が翌年の八月、還暦記念として刊行されると、全国の同志諸氏より熱烈な支援を受け、姉妹編の『教育的実践の諸問題』も引き続き執筆刊行されるや、これまた大いに歓迎されました。

これら二冊の刊行によって、どん底ともいえる上之町生活にも一脈の微光が差しそめました。その恩恵によってか、上之町の侘《わ》び住まいから神呪《かんのう》町の分譲住宅へ移転することになりました。二階建ての二軒続きの一軒で、部屋数も小さいながら六室もあって、上之町の家に比べ、すべて有り難く便利なものでした。

また先生の還暦祝賀と、『教育的世界』の出版を記念して、高野山蓮華院を会場として夏季研修会を開いたところ、参加者は予想外に多く二百名を越え、北は青森・岩手から、関東は栃木、西は鳥取・島根、さらに九州では熊本・宮崎といった遠隔の地から同志が馳せ参じたのでした。

その出版祝賀の席において、先生は、今後十年間をどう生きるかについて、第一に全国各地の教育行脚の旅、第二に十冊以上の著述をしたいと、その所信のほどを述べられました。

その後の先生の日々は、まことに凄まじく壮烈なもので、旅と著述、講義とハガキの返事、寸暇を惜しんでの車中の読書等、まさに「一日生涯」の連続で、その日常生活の一部が、毎号の「実践人」に公開され、読者を感嘆せしめたのでした。

退官に際し

こうして神戸大学での授業は、先生にとって実に楽しく、また学生諸君からも大いに注目と関心を浴びつつ、在職七年が過ぎて定年退官の日を迎えました。

それに先立ち、教官諸氏と学生諸君に対し、二回にわたり「わたくしの歩いてきた道」と題し、「告別講演」をされました。この講演録を熟読玩味しますと、先生の思想と実践の根底というものが、実によく納得されます。

☆自分の専門は何かと尋ねられると、生き方の探求であって、学問はその媒介に過ぎません。したがって、いわゆるアカデミズムともジャーナリズムとも、全く無縁の道を歩んできました。つまり学問が人生の第一義ではなくて、生きることが第一義である。

☆ある意味では学者の理想像を、つねに徳川時代の学者においているのです。一例を申しますと、中江藤樹先生とか、三浦梅園先生とか、広瀬淡窓先生とか、石田梅岩先生とか、とにかく民族の先賢に対する深い尊敬の念が私の三十代後半からずっと貫いております。

☆私の学問論の中心は「真理は現実の唯中にあり」ということで、積極的には「真理は現実を変革する威力を持つものでなければならぬ」といえます。

☆常に異質的両極を切り結ぶ事が大事であるが、それは実践を通してでないとできない。とにかく実践を通してでないと、異質的な両極を切り結ぶことができない。

先生は、人生における生涯の最後として勤められた神大教育学部へなんらかの記念の品を残そうと思われました。そこで、退職に先立つ五年前に、西宮の植木屋で入手した「五輪の塔」と浮彫りの古い「地蔵さん」のうち、五輪の塔のほうを退職記念として寄贈されました。

この塔は、数年後教育学部の移転にともない中学校の倉庫付近に放置されていたため、校長の了解を得て、「実践人の家」の庭に据えられました。

一方地蔵さんは、神呪町《かんのう》の家から、その後移転した千里ニュータウンの住宅の庭へ、さらに今北の仮住居へ、そして「実践人の家」の建設と同時にブロック塀の一部として道路に向かって安置されました。供花のたえまなく、近所の心ある方から供養されています。

〇廊下の紙屑というものは、これを見つけた人が拾ってやるまで、何時までもそこに待っているものなのです。もっともこれは平生紙屑を拾うことに努めている人だけが知っていることなんですが——。このようにこの世の中には、実行しない人にはとうてい分からない世界が限りなくあるものです。

（『修身教授録』より）

12――旅から旅へ　教育行脚

全国教育行脚

森先生が、神戸大学教育学部を退職されたのは、昭和三十五年三月末日で、以後は定収なき身となりました。それどころか、まだ開顕社時代の借金があって、月々銀行に返済せねばならなかったのです。年金は月額にして僅少であり、退職金も口にするのを憚るほどで、これはすべて先生の過去の閲歴から来るものでした。

神戸大学の停年退職と同時に、どこかの私立大学に横すべり的に就職していたとしたら、こんなにも退職の厳しさを痛切に味わわなくてすんだと思われます。しかし、今となってふりかえってみますと、五年間の永きを「定収」に恵まれなかったことは、先生にとってかえって天恵だったと思えるのです。

というのは、勤めを持たぬがゆえに「全国教育行脚」に没頭することができたからであり、今一つは、教育者の退職後の生活に対して、深い理解と同情を持つことができたからです。それゆえ、先生ほど「退職後の生き方」についてねんごろに説き尽くされた方は少ないのではないかと思われます。

先生の「旅」の取り組み方はこれまた真剣そのもので、一種凄壮な形相を呈し、満五年の永きに及びました。その「旅」の詳細が「日録」として退職翌日の昭和三十五年四月一日より記録されており、「全集」（十九巻・二十巻）に掲載されています。

「日録」と矢立

この日録は「旅のやど帳」といわれ、正しくは「契縁帳」と称せられました。この命名は伊藤証信氏によるものです。その用紙は薄手の雁皮紙で、高知の同志塩田正年氏のお世話で見事な五冊が特製され、この特上品のおかげで旅の「日録」が定着したといえるほどです。

「旅のやど帳」は矢立と共に旅の常備品ですが、その矢立は、引揚げて間もない頃の「出雲の旅」で、同志の加藤歓一郎氏からいただいた品です。一見何の変哲もない平凡な銅製品と見えますが、仔細に見ると、目立たない心づかいが見られる逸品でした。この矢立の細筆によって、毎晩旅先の宿で、克明にその日の記録が記されたのです。

歓迎の小宴の果てた後も、毎晩のごとく同志数名との語らいは尽きず、毎夜たいてい十一時を過ぎ、入浴をすまし、最後家の人々にも休んでいただいてから、その一日の行動を記されたのでした。疲労その極に達している中、まるで白兵戦における最後の突撃を敢行する気持ちで書き続けられたようで、この旅の日録こそは、心血のにじむ貴重な筆跡と思えます。

さて先生の教育行脚は、北は青森県より南は九州のはてに至る広汎な範囲に及んだのですが、これは、いうまでもなく芦田恵之助先生と『修身教授録』によって全国各地の同志と結ばれていたおかげです。このご縁がなければ、おそらくは、こうした全国行脚の旅に出られなかったかもしれません。

芦田先生の「同志同行」誌によって、『修身教授録』が全国の教育界に普及されたおかげで、こうした旅の地域的なお世話役のほとんどの人が、その初期においては芦田先生のお弟子だったという点でも、芦田先生のお力に負うところは甚大でした。それに対して森先生も可能な限り謝念報謝を心がけられ、その一端が歴史的文献となった『回想の芦田恵之助』の編輯刊行のご尽力だったと思えます。

旅のきまり

「旅のやど帳」を克明にたどると、息づまるような凄絶さすら感じます。全く緊張の連続で、旅先での講演、応接、坐談、その寸刻を惜しんでの読書、そして執筆等、全く超人的な日々です。また自分で「旅のきまり」を決めておられ、これを堅く遵守されました。すなわち次の三か条です。

第一、カバンを人に持ってもらわぬこと。

第二、必ず校門前で下車のこと。

第三、汽車は三等のこと。

この三か条から察せられるように、講演者として壇上に立つ者は、最低これくらいのことは厳守せねばならぬという考えを持っておられたのです。

また、旅のたしなみとして、次の三か条を自らに課しておられました。

イ、玄関においてスリッパよりも草履を好んで選ぶ

ロ、車中の飲食の禁

ハ、名所旧蹟見学の禁

すすんで草履を好まれたのは、単に好みの問題だけでなく、「冬は草履が暖かく、夏はまた風通しがよい」ためでもあります。家庭でも好んで草履をはかれました。また高い所に立って人に話を取り次ぐ者は、人知れず欲望を制する面がなくてはならぬという考えを持っておられました。車中は書物を読むか、眠るかのいずれかであって、初めての路線以外は、悠々と窓外を眺められることはなかったようです。

そしてハの禁は、石田梅岩先生事蹟の一句に

「何方にもあれ、用事終わりて遊山のために滞在するは、我好まざることとなり」

とあり、この語によって大いに啓発されたとのことです。

「全集刊行」へ

この旅から旅への五か年に及ぶ講演行脚のさ中にあっても、一代のまとめとしての「全集刊行」という大業への執念の焔はますますさかんで、夏・冬の休暇中には、一気呵成に執筆に没頭されました。旅にあっては旅三昧、自宅にあっては執筆三昧の生活に転換、いずれも全力集中でした。それだけに、著述の速さはまた超人的で、二百頁を超える哲学書でさえ、十二日もしくは十五日くらいでたいてい下稿を書き上げ、途中義理のため外出によって中断するにしろ、実質的には二週間前後で下稿を完了しておられます。

参考までに、大学退官後より「全集」の完結までの主な著述を年代順に列記しますと、次のようになります。

昭和三十五年――「理想の小学教師像」（五月）

昭和三十六年――「理想の中学教師像」（四月）、「学校づくりの夢」（七月）

昭和三十七年――「教育的実践の基本問題」(四月)、「女教師のために」(七月)
「人間形成の論理」(十二月)
昭和三十八年――「人間の思考と教育」(四月)
昭和三十九年――「即物論的世界観」(三月)、「宗教的世界」(七月)
昭和四十年　――「歴史の形而上学」(十月)
昭和四十一年――「人倫的世界」(三月)、「日本文化論」(八月)、「自伝」(九月)
昭和四十二年――「読書論」(二月)、「教頭論」(十一月)
昭和四十三年――「隠者の幻」(一月)、「腰骨を立てる教育」(三月)
「わが尊敬する人々」(四月)、「書翰集」(六月)

これらの下稿完了のうえに、補訂や校正の仕事が連続しており、補訂や校正の多くは旅中においてなされました。それを思うにつけても、「全集」二十五巻の刊行がいかに超至難の仕事であったか想像されます。

以上のように「旅」と「著述」をよくも切り結んで敢行されたものと思いますが、

その他に毎月の「実践人」誌の発行、それに夏・冬の「研修会」の開催の行事があり、そのうえ、「日々返信」の義理を果たされたのですから、全く言葉はございません。旅の不在中に寄せられた書信は、文字通り山積みの状態でしたが、書信の返事を著述以上に重視せられ、最優先されたところに、先生の誠実無比のすばらしさと慈愛のほどを思います。

しかし、そのような右腕の酷使は、ついに書痙《しょけい》の悩みを先生にもたらしたのでした。

ギプスの旅

さて旅の落穂抄ともいえることが多年の旅にはつきものです。中でも、「ギプスをはめての旅また旅」は殊に印象深い一件です。

昭和三十六年十二月二十四日のこと、フトしたことから無蓋の溝に脚を踏み外し捻挫されました。翌二十五日は研修会のため夜行で出立し、研修会に出席したものの、激痛の止まらぬまま、それに耐えて三日間の日程をなんとか務められました。

年明けて一月五日、医師の診断で骨折とわかり、ギプスをはめました。しかし旅の日程が決まっていますから、ギプスにあとかけのスリッパをはいたまま旅に出て、一月二十六日より三月十二日までギプスをはめたままの、旅また旅の日程をこなされました。その旅日記に、「ギプスの足にて積雪里余を踏んで、宍戸忠治氏宅へ赴く」とあり、積雪の道をいかに難儀されたか、お察しできます。

また「みちのくの旅の果てに」という一文があります。昭和三十八年九月二十二日、盛岡の東郊のある民家に泊り込みで、神経痛の治療を受けられたことがあります。一種の霊能を持つ木山夫人から毎日荒療治を受け、来る日も来る日も昏々と眠り続け、滞在半月に及んだということです。

釜石鉱山学園の訪問

先生の全国教育行脚の中でも、最も特筆すべきことは、岩手県の釜石鉱山学園の訪問指導ではなかったかと思われます。初めて同学園を訪ねられたのは、昭和二十八年十月四日とのこと。日鉄の釜石鉱業所の設立による私立小・中合併の学校で、時の校長は下村武三氏、教頭は土橋二郎氏でした。

下村武三氏は一種の教育的偉材で、基礎学力の工夫徹底と共に「便所掃除」を徹底しました。便所の漆喰は毎日雑巾をかけるので、まるで大理石のように光っており、大便所の中までが、まるで茶室の床のように拭き込まれていたのです。当時はまだアメリカ教育説の氾濫していた時期ですから、これには先生も驚嘆敬服されました。そして、「ここにこそ戦後日本教育再建の一典範がある」として広く全国の同志に呼びかけ、同校の参観を推奨されました。

その後満三か年たって下村校長が引退し、その後を誠実無比の土橋二郎氏が受け継がれましたが、爾来十一年、先生は、この私立の釜石学園が公立移管になるまで、毎年「東北の旅」で立ち寄り、数日間をその学園に過ごし、指導されたことは、記録に留めたいと思います。

旅の道楽

全緊張の無限連続ともいえる旅のさ中にあって、一番の道楽は、古本屋をのぞくことではなかったかと思われます。また美術品や骨董品を観るのがお好きなようで、独特の鑑識眼を持ち、路傍の花や庭木なども立ちどまって楽しんで眺められました。

また今一つ、「旅の道楽」といえるかどうかわかりませんが、あちこちと縁ある学校を訪ねた旅先で、ときどき心に触れる子どもの善行に出逢った際は、ホンのささやかな品ですが、その子に差し上げるということをされました。先生の教育的配慮による義務感からというよりも、全く趣味・道楽に属するもののようです。

まさに先生の「教育行脚」はほぼ全都道府県に及び、しかも都会よりもむしろ地方が多く、その足跡は山間僻地に及んでおります。当然のことながら、各地に道縁につながる同志道友がおられるがためでありまして、そのお招きに気安く応ぜられたがためであります。

今一つは、旅の足跡を記されるということは、無数の恩人に対する報恩録に他ならぬという意味を含んでおられるようです。かくして戦後二十年に及ぶ「全国教育行脚」の旅は海外留学の機を得られなかった先生は、その代わりに徹底的に国内を歩こうと決意せられたようでもあります。

13――全集二十五巻の刊行を発表

「全集」刊行へ

西宮の神呪町《かんのう》に住居を定め「実践社」の事務を執っていたところ、手狭になったので、令息三人の意見に随い、千里ニュータウンの分譲住宅に移転することになりました。思えば満州から引き揚げて以来、五回家移りをして、やっと落ち着かれたのが、このニュータウンの一角の吹田市佐竹台三丁目の家でした。

ちなみに、引き揚げ後の住宅をたどると、まず上甲子園から神戸市楠ヶ丘へ、そして西宮市上之町へ、それから西宮市神呪町へ、そして吹田市佐竹台というわけで、おそらくここが晩年最後の安住の地と思われたことでしょう。

ところで先生は、かねてより悲願の「全集」刊行の発表を、昭和三十九年八月号の「実践人」にて初めて公にしました。翌年迎える古稀記念に生前中の著述を一つにまとめ、死後ご厄介をかけないように、生きながらに自ら墓標を建てておきたいという考えからでした。いわば、このあたりで「死に支度」に取りかかろうということでしょう。

しかし大出版社ならともかく、自費出版のことゆえ、全国有縁の同志のご支援を仰ぐほかなく、重大な決意の下に着手したのでした。いざ発表してみると、全国の同志から予想外のご支援があり、最終的に締め切ったのは、翌年の三月末ですが、ついに千二百組という、全く予想もしない申込みがありました。

神戸海星女子大のご縁

定年退職後満五年の間、年間二百五十日近い旅を続けられたのですが、いよいよ「全集」の大事業に専念するために旅を止めねばならなくなりました。そのとき、あたかも天は一大支援を先生に与え給うたのです。神戸のカトリック系の海星女子学院大学が四年制の学部を置くことになり、ぜひ教育学の教授にとの委嘱があったのです。これは建国大学で教えられた神戸大学教授の野尻武敏・百々和両氏の懇請によるものでした。

昭和四十四年四月より、神戸海星女子学院大学教授として迎えられ就任された先生は、なんと清純で静かな学園の雰囲気かと驚き、感じ入られたようです。人生の晩年をこうした宗教的雰囲気に包まれた学園で過ごされたことをいかほど喜ばれたことか、再三直接耳にしました。

こうして昭和五十七年十一月、病気のため辞任するまでの十七年間、海星女子学院大学に勤続できたことを、天の恩寵として心から喜ばれたのでした。

執筆三昧の日々

さて「全集」刊行の大事業のため、今まで通り旅から旅への明け暮れに終始するわけにはいかず、昭和四十年の年頭から三月中旬まで最後の旅を敢行しました。そして、いよいよ四月一日より自宅に閉居し、執筆三昧、「全集」の編集に取り組まれたのです。

以後、自宅に閉居すること百五十日に及びました。まず全体の構成にあたり気づいたことは、『修身教授録』『国と共に歩むもの』及び『生を教育に求めて』のそれぞれ五冊ものの三大叢書が完全に本全集に収録されることになり、まことに感慨なきを得ませんでした。しかし、これから予定される哲学五部作、すなわち、㈠即物論的世界観　㈡宗教的世界　㈢歴史の形而上学　㈣人倫的世界　㈤日本文化論という五部作の完稿という大仕事が行く手にひかえていることを思えば、無限の緊張を禁じえないものでした。

また、戦前の『学問方法論』を旧版のまま再販することは、歴史的資料としては一面の価値はあっても、全員諸氏に少しでも読みやすいものを提供することをモットーとする先生にとっては忍び難く、いかに困難な作業にせよ、旧著を修訂することを決意されました。すなわち旧仮名遣いを新仮名遣いに、漢字をなるべく当用漢字に、全体の文章の文語調を多少軟らげるように努められたのです。

しかしこれは困難な仕事であり、先生は骨身をけずる思いをされて取り組まれました。しかもこれを『学問方法論』のみならず、『哲学叙説』そして『恩の形而上学』はおろか『修身教授録』にまで及ぼして修訂されたのです。この一事でも先生の誠実無比の真摯さと不撓不屈さをうかがうことができます。

ところで昭和四十年九月、突然、吹田市教育長・山川信夫氏からの委嘱を受け、吹田市教育委員を引き受けられました。ただし、教育委員長だけはならぬという条件付きでした。そして次の三か条の方針を打ち出されました。

㈠ 在任中、吹田市内では講演はしないこと。

㈡ 自宅では教育関係者の方には一切お逢いしないこと。

㈢ ただし、教育上の意見及び研究物等は、お送りいただいて結構。

この三か条を守り、任期の四年を過ごしました。そして、教育委員を辞任されるや、その後、市内各小・中学校にて引退奉仕講演を連日続けられました。ここにも先生らしい誠実さがうかがえます。

また、昭和四十一年一月には「盲精薄児を守る会」の会長を引き受けられました。先生は「長」という字のつく地位には生涯つくまいと考えて七十歳まで歩んでこられたのですが、思いがけず、福田与氏の紹介により、盲人真川精太氏と相知ったためでした。真川氏は中途失明者であり、自ら人生のどん底にあえぎつつも盲精薄児のために過去四年間尽力奉仕された方でした。

「一人雑誌」のすすめ

「全集」刊行の大業のさ中にあり、執筆・編集・校正の重荷を一身に背負われつつ、「研修会」において、また「実践人」誌上において、全国道友の自己実現に役立つ新たな提言を続けられました。

先生の数ある創意創唱の中でも、注目すべきその一つは「一人雑誌」のすすめです。そもそもの発端は、教職者がかつて縁あった教え子と連絡をとり、その後の教育活動を継続することがその目的でありましたが、それがひとたび提唱されるや、「実践人」につながる多くの同志道友にまで展開しました。

「一人雑誌」の条件は、切手代だけは誌友が負担すること、誌友は必ず読後感を送ること、の二点だけでした。こうして自主的な道縁の輪づくりを目指すだけでなく、自分の人生をより有意義に過ごす手立てとして、一人雑誌の発行者が次第に増え、百号、二百号と重ねる人もあり、すばらしい「ミニコミ誌」として注目されるに到っています。

そのほか、先生から「複写ハガキ」の使用を強く要請され、これを実践遂行なさった複写ハガキの祖・徳永康起先生、ならびに、これに続く坂田道信氏の複写ハガキ道の全国的展開も、遡れば先生の提唱に由来するといえましょう。

「立腰教育」の提唱

先生の教育実践の一つの大きな柱である「腰骨を立てる教育」、すなわち「立腰教育」は次第に各地に波及・浸透してきていますが、そもそも、最初に提唱されたのは、昭和三十六年三月号の「教育界戦後第二期に入る」の論文のように思います。しかし本格的に「腰骨を立てる教育」として発表されたのは、昭和三十八年四月号の「実践人」誌上です。

申すまでもなく、このことは先生自身が十五歳のとき、岡田虎二郎先生の偉容に接して以来実行なさってきたことで、すでに立腰五十年の体認実証に基づいてのご提唱でした。主体性確立の決め手としてこの「立腰」を教育的に取り入れ、「身心相即」の原理として力説されたのです。

こうしてこの「立腰教育」が真摯な同志によって学校教育に生かされ、その輪を広げていきました。とりわけ郷里の半田市では、全市をあげて「立腰教育」に取り組み、その推進に力を注いでいきました。

「自著自刊」のすすめ

その同じ頃、先生はさかんに自著自刊を提唱され、生涯最低三冊の著者刊行を勧められました。また、その三冊は次のようなものであることを勧められました。

㈠ 職業の報謝として、後進のために実践記録を残すこと。
㈡ この世への報謝として「自伝」を書くこと。
㈢ 研究もしくは趣味に関するもの。

その提唱にまず応えられたのが、小関公雄氏の『ひとすじの道』であり、続いて小椋正人氏の実践記録『かしわばの記』でした。それに「自伝」第一号としては、良峯仙次郎氏の『末っ子物語』が出ました。

その後、同志の佳書出版が続出しましたが、これは先生がいかに「自著自刊」の提唱を力説されたかの何よりの証拠で、先生の道友に寄せられた序文が、百九十三篇に及んでいるのを見ても、その一端がうかがえます。

「選集」の同時出版

ところで「全集」刊行を開始して満二年を迎えたとき、「全集」参加の機会を失った方々のために、「選集」(全八巻)の刊行を決意するに到りました。この「選集」は、広義における「人生論」としての「教師論」の精要をまとめたもので、「選集」の普及こそわが国教育界の基礎づくりに大きな役目を果たすであろうと考えられたのでした。

これも心ある同志の尽力によって、ついに千五百組の達成が果たされました。おそらくは明治百年と戦後二十年という重大な意義を有する二つの時期が重なったことに由来するためかとも思われます。

アメリカ一辺到の教育が省みられ、民族特有の主体性が回復されつつあるときに、この「選集」が多少なりともわが教育界に普及されたことは、まことに意義深いことでした。

『隠者の幻』

さて「全集」と「選集」の同時刊行が並行して行われ、いよいよ最後の総仕上げともいえる『隠者の幻』の執筆が完了されました。これは先生の著述の中でも特異な位置を占めるもので、魂の深い希求を知るうえで欠かせぬものです。

先生は、不思議なことに二十代の後半から「隠者」に対する憧憬が芽生え、それが、五十年の間、魂の深層において生き続けてきたともいえるのです。西田幾多郎先生に学びつつも、その側近に伍して亜流とならなかったのも、また学界無縁の大阪時代の十三年間、ひとり独行の道を沈潜し続けられたのも、常に隠者に対する限りなき憧憬があったからともいえます。

やがて、伊藤証信氏を初め、宮崎童安、江渡狄嶺等の、いわゆる「野の思想家」

たちを畏敬し親しく交われたのも、それゆえでした。当時また一介の放浪僧で「宿なし興道」と呼ばれた沢木興道師と親しかったのも、こうした「在野の人」により多くの親近感を覚えられたからでした。

隠者に対する憧憬は、明治以後、最深の隠者である新井奥邃先生の存在を広島高師時代に知るに始まったとはいえ、齢七十にして、そうした憧憬が一種の求道小説ともいえる『隠者の幻』にまで結実するとは、ご自身も予期されぬことでした。ましてやこれに引き続き、後年『幻の講話』（全五巻）、そして『ある隠者の一生』と、いわゆる「幻の三部作」が誕生することになろうとは予想もつかぬことでした。

先生の晩年近い歌集の中に、次の二首があります。

真理の化身にやあらむ幻の時に顕《た》ちきて吾れを導く

一人の隠者の心かそけくも追ひ求めてぞ一代《ひとよ》過ぎしか

「全二十五巻」の完結

全心魂の結晶とも思える『隠者の幻』の執筆を終えた先生は、『わが尊敬する人々』の執筆・補訂に取りかかりました。そして「全集」最後の仕事でもある「書翰集」の編集を完了したのが、昭和四十三年六月二十一日の朝七時五分と日録にあります。

この時刻をもって、全二十五巻に及ぶ「全集」に関するすべての編集が完了したのでした。最後は夜を徹した作業の末でした。ふりかえれば昭和四十年三月十八日、信州湯田中の沓野館に止宿し、『宗教的世界』の補訂に没頭して以来、満三年と三か月にして、ようやく編集の業を終えられたのでした。

こうした執筆・補訂・校正という一連の大事業のさ中にあっても、有縁の人々からの書信の返事を優先せずにはおられぬらしく、そのうえもろもろの浮世の義理を許す限り果たされたことは、「日録」に見られる通りです。

こうして四十三年八月十八日、全集二十五巻の最終巻ができあがりました。当時の「日録」には、「まことに無量の感慨を覚えたり、そぞろに神天の加護に対し衷心よりの感謝なき能わざるなり」とあります。

『契縁録』

ところで、全集完結に先立ち「全集完結祝賀大会」の議がのぼり、同志の間ではその動きすらありました。しかし、先生からそうしたお祭りさわぎの代わりに、「同志のミニ小伝」とも言える『契縁録』の発行をとの提案があり、一同それにしたがうことになりました。この書の刊行につき、趣意書をもってお願いしたところ、六百名の参加を得て、昭和四十四年十二月、無事刊行の運びとなりました。

その『契縁録』について、先生はいわれております。

「もし私があの世へ、唯一冊の本を持って行くとしたら、恐らくはこの契縁録を選ぶでしょう。何となれば、それは二度とないこの世において、私という一個の魂が、縁あって巡り会い知り会った人々の自伝の最小のミニ版だからです」と。

こうして全二十五巻に及ぶ「全集」が完結したのですが、ふりかえってみて、まさに超人的偉業というか、奇蹟的恩寵というか、その両者が交わりあって、この大業が完遂されたとの感を強くします。大資本の出版社に頼ることなく完結できたことは、出版業界でも例のないことでした。

なお、原稿清書は丹生谷勉・端山護・上村秀男の諸氏のお力によるもので、とりわけ丹生谷勉氏の尽力なくしては、全集の完成は不可能だったといえます。また長男惟彦《これひこ》氏がこの大事業を支援し、二男克彦氏も神戸医大を一年休学してまでこの事業を援助されたのでした。

「旅」と「読書会」

さて、「全集」の最終配本が終わるや、また先生の「旅」の生活が始まりました。十日後の八月二十七日には「東北の旅」へ、それに続き「南九州の旅」、そして「静岡県東部」、「北陸」、「滋賀」、「広島」、「山陰」、「愛媛」と、東奔西走の「旅」が再開されました。

同時に「読書会」が復活再開されました。「大阪読書会」は、四天王寺学園高校を会場として開催され、いつも三十名前後の出席があって、かつての『修身教授録』時代の再現を思わせる雰囲気でした。

一方「神戸読書会」は主として県民会館を会場とし、名脇役の本田正昭氏の出席を得て、多角的な意見の展開となり、大阪読書会とはまた異なった様子でした。それに先立ち、特に注目すべきは上村秀男氏を中心とする「耕人読書会」の活動で、全集の第一回配本と同時に尼崎水堂の社殿で開始され、同志による輪読会が行われました。

○「生き甲斐のある人生の生き方」とはどういうのかと考えますと、結局それは、(一)自分の天分をできるだけ十分に発揮し実現すること、(二)今ひとつは、人のために尽くすということの二か条で一応は十分と言えるでありましょう。

(『幻の講話』より)

14──『幻の講話』の執筆に取りかかる

同志の出版相次ぐ

「全集さえ完成すれば、その翌日いつ斃れても、なんら悔いるところはない」と覚悟し、また人にもいい伝えてきた先生にとって、「全集」が完成し、その締めくくりとしての『契縁録』もできあがったのですから、もはやいうべきことはありません。ただめぐまれた残生をいかに生きるかということでした。

昭和四十五年（一九七〇）、数え七十五歳の年を迎えられましたが、健康状態はいたって良好で、生涯の中で最も快調といえるほどの状態でした。

それに呼応して、同志間の結合も活発となり、若い同志による「中堅研修会」が歳末押し迫る時期に大阪府門真文化会館において行われるという新たな動きの台頭さえ感じられました。

　また一方、同志の卓れた名著や実践記録の刊行が相次ぎ、端山護氏の『森先生とともに』、上村秀男氏の『この一道に生かされて』、それに徳永康起氏の『教え子みなわが師なり』は、同志間のみならず教育界に一大感動を惹起しました。その他、数えきれないほど同志の自費出版が刊行され、地下茎のごとく流布されました。

『幻の講話』の執筆

　さて先生は昭和四十五年四月一日より、かねてより胸中に抱き続けた『幻の講話』の執筆に着手しました。『隠者の幻』の第二部に相当するもので、主人公は有間香玄幽先生の高弟の名児耶承道先生です。師逝かれて十年後、不惑の年に達して週一回、生徒のために道を説かれた全記録という想定において書き記されたものです。

　この下稿の執筆は、余儀ない事情続きのため、全五巻の下稿の完了に一年五か月を要し、またその補訂にも着手できぬまま、海星女子大学の書庫に入れられていました。やっと昭和四十九年七月、夏期休講に入るや、海星女子大の研究室に毎日通勤し、没頭一か月のすえ補訂を完了するという状態でした。

こうして全五巻の出版刊行が完了したのは昭和五十年五月ですから、執筆着手以来丸五か年の歳月を要したことになります。他にこのような例はなく、この『幻の講話』をもって先生自ら「宿命の書」といわれるわけです。

文子夫人の逝去

その余儀ない事情というのは、十五年の永きにわたり入院中の文子夫人が、六十七歳をもって逝去（昭和四十五年八月二十八日）なさったことでした。先生は「亡妻の記」に悲痛な思いを込めて言葉少なく述べておられます。その一部を次に引用してみましょう。

「われわれ夫婦は、四十三年間の結婚生活のうちの三分の一は入院別居のくらしであって、世の常の夫婦生活とはいえないものであった。だが、ふり返ってみれば、それによってわたくしは、全国的に教育行脚の旅をしたし、またその間かなりの著述もし、さらに『全集』までも完成したのである。
それゆえある意味では、亡妻は自らを犠牲とすることによって、わたくしの晩年の『生』を、その全的充実と発揮に導いてくれた導師とも言えるであろう。（後略）」

文子夫人はたいへんな才媛で、かの「母と子」に毎号一文を草し読者から好評を博したようで、満州引き揚げの記録である『脱出記』は何よりその文才の証しであったといえます。

「著作集」の出版と三週間の入院

さて、「全集」と「選集」の刊行は、まことに順調よく完結したのですが、その後の要望がたえなかったことと、昭和四十五年、四十六年といえば、国際的にも国内的にも多難の年であり、民族の危機と再建の途が問われるときでしたので、「森信三著作集」（全十巻）の刊行に踏みきることになりました。「選集」と「著作集」を合わせると、ほぼ全集の主要著作がととのえられるという仕組みでした。これまた予定通り、七か月足らずで頒布を完了するという快調さでした。

こうして、「著作集」の刊行事業もまた無事終え、『幻の講話』（全五巻）の下稿も無事終えるや、また旅から旅への生活が始まりました。栃木・埼玉方面へ風邪の身で旅立たれたのですが、肺炎を併発し、昭和四十六年十月二十六日、住友病院に入院、三週間の一大休養を与えられました。この入院病臥の間は病院に備えつけられたテレビはもちろんのこと、新聞雑誌の類さえも手にしないで、天の与えたもうた休養を慎しんで受けられたのでした。

山県三千雄先生との邂逅

それより前の昭和四十三年頃、大阪古書店の天牛で、山県三千雄氏の『人間――幻像と世界』を入手、全的感動をもって読了した森先生は、これを四十四年一月より大阪・神戸における読書会のテキストとして取り上げ、輪読することになりました。また海星女子大でもこれを講義されるようになり、以来十数年「全く倦きのこないのが不思議なほどです」といわれるほどでした。こうして山県先生との不思議な邂逅が始まり、学問や思想に関し、文通が始まったのです。

山県三千雄氏もまた、その著『日本人と思想』(四十九年八月刊)の中で、明治・大正・昭和の三代にわたるわが国の「代表的思想家」を九名選んだ中に森信三先生を取り上げ、「森信三の日本的正気の心実学と教育的実践」と題して「森信三論」を述べられております。その論考の中には、「森は教育の廻国遊行僧」という心にくい表現もあり、「森の自覚像はすでに光背を負っている」という一語には襟を正し、慎しんで傾聴すべきものがあります。

逝きしわが子に

こうした歴史的評価を受ける反面、先生は人生悲愁の極みともいえる苦難を味わわねばなりませんでした。それは長男惟彦《これひこ》氏(四十一歳)の急逝でした。事業(不動産業)の蹉跌《さてつ》によるものでした。七十七歳という高齢の身で、突如として多年生活を共にした子息を喪《うしな》われたのですからその悲しみは言語に絶するもので、悲歎のどん底につきおとされた思いでした。

やっと書き記された「逝きしわが子を偲びて」の一文には万斛《ばんこく》の想いが込められ、痛恨哀切の一語に尽きます。

〝彼は親らしからぬわたくしに代わって、次男と三男を成人させたのと、厖大なわたくしの著書を出すために、この二度とない人生の半ばまで、生活の全精魂を傾け尽くしてこの世を去ったともいえるわけで、現在わたくしが痛恨身の置き処のない思いをしているのも、全くその故である。(中略)

憐れなりしわが子よ!! 今や永遠なる安らぎの彼岸より、この哀われなる父のかすかな贖罪の微衷を、はるかに見守ってほしいのである。嗚呼〟

至らなかった親としてわが子への罪ほろぼしとして、先生は単身、未解放部落の立ち退き寸前の家屋へ入居されることになりました。

15――「実践人の家」の誕生

独居生活に

先生は高石市羽衣の空き家に滞在一か月にして、尼崎の今北同和地区に単身入居されました。この地を選んだのは、旧知の有力な同志の中川勝一氏の厚配によるものです。このような根本的な決意を促されたのは、「民族の一員として部落の人々に対する贖罪の念の外に、今ひとつ、至らなかった親として、わが子に対する贖罪の気持ち」からでした。

数千冊に及ぶ蔵書はひとまず「今北総合センター」に運ばれ、家財道具は部落の立ち退き地区の一軒屋に運び込まれました。六畳と四畳半それに台所という空き家でした。立ち退き予定ゆえすでに電源も断たれ、入居当時電灯もつかぬ状態でした。

「すべてはお任せですよ。まるで雲に乗ったようなものですなあ」とは、先生の入居第一声でした。

こうした一身上の激変の中ですから、『幻の講話』の刊行も手つかずでしたが、匿名の某氏から基金が寄せられたことが導火線となって、道縁同志の方々から刊行基金が寄せられて発足したのが、「『幻の講話』刊行会」でした。この刊行会がもとになり、ついに四十八年八月、待望の『幻の講話』第一巻の刊行を見るに到りました。

そのとき、今は亡き高弟の上村秀男氏は、「新しき日本の論語」の出現と喜ばれ、『修身教授録』と並んで恐らくは最も永く後世に遺るものと絶賛されました。そして最終的には二千五百組の申込みを越えるに到りましたが、これも全国同志の献身的ご支援の賜物でありました。

地区内再転居

四十七年十一月三日を期して、先生は今北地区の撤去寸前の家屋に入居し、独居生活を始められましたが、一か月ほどで取り壊しのため、またも同地区内で再転居せざるをえませんでした。

この家の間取りは、玄関入ってすぐ六畳、玄関ワキに三畳、そして台所という狭さで、三畳の間に机を据え、身辺必需品を整え、書棚を置くと、訪問客三人座るのがやっとでした。

先生の窮乏生活を知った各地の同志からは、玄米自然食の食事にふさわしい味噌・わかめ・納豆・塩さけ・山藷《やまいも》・とち餅・松葉酒等、数々の珍味が送り届けられ、台所は豊富でしたが、手なれぬ自炊生活はたいへんでした。

しかしそうした独居自炊の生活を支えることができたのは、玄米食を中心とする一種の「食事革命」でした。これは、自身の身体を実験台として試みてみようという基本方針によるものです。副食物もできるだけ原始に近いように努め、「モダン仙人食」と称されました。人参おろしに酢じょうゆ、刻んだたまねぎにソースをかけ、木綿ごしの豆腐半丁というような献立でした。その他、朝・晩は味噌汁を欠かしたことはなく、時に鶏卵を入れるのがきまりでした。

こうして「食」の原点に立つことによって、独居自炊の生活にも一種の光すら見出されたようです。自炊生活をしてみて、いかに手順よくやるか、そしていかに面倒くさがらずに後始末をするかの大事さを身をもって痛感されたのです。

ところで、同和地区に入って先生が心に定めたことは、同和問題について一切講演をせぬこと、同和問題について一切執筆しないことの二つでした。これは、この部落のために貢献しうるような力量は何一つないことの深い自省と諦念からだったようです。

ただ自分にできることとして、挨拶することと紙クズを拾うことの二つを自らに課し、ひたすら努められました。「挨拶」の対象としては、隣近所の人々と、「総合センター」で出逢う人々が一応の目安となり、「紙クズ拾い」は、自宅の周辺はもちろんのこと、「総合センター」の門から入ってスグの広場、そこから登ってゆく階段で、この間の紙クズだけはできるだけ拾い続けられました。

全国道友の願い

再転居を百日過ぎた頃より、ぼつぼつこの「不尽草庵」の陋屋《ろうおく》を訪ねてくる客も増え始めました。遠来の客をもてなす唯一のご馳走は、先生得意のトロロ汁でした。この陋屋に、元兵庫県知事の阪本勝氏と郷土史家の岡本静心氏をお招きし、同志五名と共にトロロ汁会を催した日もありました。

文人知事で著名な阪本勝氏はその『流氷の記』において、「この世に生きるかぎり私が師として教えを乞いたいと考えたのは、清高の学徒、森信三先生であった」と述べておられます。また、その頃森先生の今北入居を機に「尼崎グループ」による「みそ汁会」が誕生し、毎回十二、三名の若い方たちが六畳の間に集まって、先生を囲む楽しい集いを持ったのはたのもしい限りでした。

ところで昭和四十八年十一月に生起したアラブ諸国の石油問題は先進国に一大衝撃を与え、とりわけわが国の受けたショックはまさに激震に等しいものでした。そうしたとき、市当局の要望で、立ち退き問題が再燃し、またも転居が焦眉の問題となりました。そこで近隣の同志と相談の結果、近くの土地を購入し、「ついの棲家」

の建設をしてはどうかという議がもちあがりました。土地だけは先生の私財の一切を投じ、建築費は、全国道友に一世一代のお願いとして懇願することとなりました。すると、予想を上回る建築基金をお寄せいただくことができました。

こうして昭和五十年三月十六日、地鎮祭が神官の上村秀男氏によって厳かに執り行われました。当日祭壇に異彩を放ったのは、印度の聖哲ガンジー翁のみごとな肖像写真であり、ただならぬ心願の一象徴と思われました。七月六日、落成式が今北総合センターにて無事挙行されるに到り、最後に述べられた謝辞の中で森先生が強調されたことは〝わたくしが部落に住まわせていただくのは、いわゆる「研究」などのためでは断じてなく、文字通り「罪亡ぼし」のためです〟ということでした。

このようにして「実践人の家」が誕生しました。この「実践人の家」は全国有縁の同志の浄財によって建設せられたものである以上、すみやかに公益法人の保有財産として登記したいと先生は切に願いました。その結果、兵庫県に申請、昭和五十一年七月九日付をもって認可され、いよいよ社団法人「実践人の家」が誕生することとなったのでした。

16──「全一学」の提唱

「衣服革命」の機縁

まるで穴蔵みたいに光の入らぬあの陋屋から、建坪四十坪の二階建ての「実践人の家」に移られ、先生の静から動への生活の転換が始まりました。階段の昇り降りも慣れるにしたがい、自ら進んで「行動俊敏」に取り組み、いとも気安く、おっくうがらずに昇り降りをくりかえされたのでした。相変わらず、一人暮しの独居自炊の生活でしたが、すでに丸二年の経験があり、設備の整った台所ということもあってさほど苦痛ではなくなっていました。

そして自ら、「実践人の家」の堂守りと称し、日常生活の身辺雑記を、「新堂守りの記」として「実践人」誌に連載し、多くの誌友に愛読されました。

衣・食・住のうち食と住に関する変革については今述べた通りですが、衣についての「衣服革命」の機縁もおとずれました。それは五十年十二月、クリスマス・イブの前夜の二十三日のことです。

久しぶりに三宮センター街の古書店に立ち寄られた帰り、ふらりと繁華街を歩いた時、ある紳士服店の店頭にかかっている霜降りのオーバーが先生の眼にとまりました。その場では買わないで、一夜考えた末、翌日再び訪ねて、結局求められたのです。そのオーバーは若者向きで、さすがに肩章だけははずしてもらいましたが、生地といい色あいといい、また、腰のあたりがスリムに絞ってあるその清新さが大いに気に入られたようで、さっそく着用され、実に颯爽と歩かれるのでした。

それを機縁として、一年ほどの間に洋服を次々と買い求められ、これまでの服は箱に納め、すっかり一新されました。しかも買い求めた服のほとんどが若者向きのものばかりで、思い切った一大転換を断行されたのです。

これまでの先生は、およそおしゃれとは縁遠く、洋服など最低限のものを徹底して着るという主義でしたから、まさに「衣服革命」といっても過言でない大変革でした。いうなれば、この三宮センター街での出会い以来、空前の「明るい」境涯が次第に開かれたのでした。

「全一学」のまとめに着手

その何よりの証しが著述上にも現われました。先生は齢八十歳を期して、次から次へと「全一学」五部作の執筆に着手されたのです。

記録によれば

昭和五十一年三月十五日〜四月二日『ある隠者の一生』の下稿完了
同年四月十九日〜五月六日『創造の形而上学』の下稿完了
同年六月二十六日〜七月十一日『全一的人間学』の下稿完了

となっており、まさに超人的エネルギーの発揚と申し上げたいほどです。

ところで、「幻の三部作」の最終篇にあたる『ある隠者の一生』の内容ですが、ここには先師有間香玄幽先生の最年少のお弟子の名児耶承道先生の求道記と、そのまたお弟子のR高校の教え子雲洞谷暁道氏の叙述が収められています。

それにしても、『隠者の幻』を初めとして、『ある隠者の一生』に到る一連の求道小説を書き残された先生の内なる衝動は果して何であったのかといえば、第一に隠者への憧憬であり、第二に求道の熾烈さにあり、第三には、道は三代継承してこそ全しという根本的な考えによるといえましょう。

一代の円相

『ある隠者の一生』を書き上げた先生は、『創造の形而上学』について全緊張をもって取り組まれました。本書は、四十歳のときの主著『恩の形而上学』と相呼応するもので、これによって一つの円相を成就されたといえます。

この二冊は宇宙根源生命の消息にあずかろうとする哲学体系書です。『恩の形而上学』と『創造の形而上学』を対比すると、前者がいのち（根源生命）の静的承受であるのに対し、後者は動的把握といえます。また、前者が所照所証の自覚体系であるのに対し、後者は自証即自照の自覚体系となっているともいえましょう。いずれにしても一見難解な哲学書にみえつつも、「生かされて生きる」宗教的境涯の極地を述べられたものと思えます。

先生は『創造の形而上学』に引き続き、予定していた『全一的人間学』を所要日数十五日間で執筆完了されました。本書は「人間」を大宇宙生命の一分身とし、「小宇宙」とする立場に立って「人間」ならびに「人間界」を徹底的に究明されたものです。

それゆえ、大宇宙における人間の位置から始まって、両性の問題を初め衣・食・住論や人間関係の種々相、ならびに道徳と宗教、経済・政治・文化の諸相に到るまで、その概観はもとより社会・国家・人類の問題にまでメスを入れ、数多くの創見が述べられております。

こうして『全一的人間学』の草稿を終えるや、川端正和氏の懇請により、先生は心安んじて「ハワイ旅行」一週間の旅に出かけられました。思えば、戦時中、勤務の関係で満州と内地を往復した以外は、全く外遊の機を逸し、海外旅行といえば、この一回限りの「ハワイの旅」だけでした。その代わり国内は、乞われるままに全国各地をくまなく、山間僻地《へきち》をいとわず行脚されました。

ハワイ旅行で最も印象的だったのは、ハワイ島ヒロの代表的ホテルのワイアケアホテルだったようです。日本の神社建築に似通った純木造づくりの壮大さ、ならびに室内装飾の簡素さが、先生の好みに合ったようです。

さて次に予定されていた『全一的教育学』は八月中頃より着手されましたが、実践人夏季研修会開催のため、やや遅れて九月二日脱稿という次第でした。本書は、教育哲学の著述としては三冊目にあたり、『教育的世界』(昭和三十一年六月刊)、『人間形成の論理』(昭和三十八年八月刊)に次ぐものです。生涯を教育にたずさわり、真摯に探究せられた先生だけに、その内容にはすべてを円熟融化した趣きがあります。

全一的世界

翌年の昭和五十一年五月二十日、新教育懇話会に招かれ、「全一学にたどりつくまで」と題する講演を行いました。続いて『全一学精要』の論文を執筆し、「全一学」提唱の経過と、その概要を説き尽くされました。

要するに「全一学」とは、最も日本人にふさわしい哲学であり、各自それぞれに与えられた全一的生命をいかに発揮し、実現し、二度とない人生をいかに生きるか、その生き方を学ぶ学といえます。これがまた、西田哲学ならびに京都学派について行けなくなった理由でもあり、八十歳にしてついに「全一学」の名称を唱えざるを得なかった理由でもあります。

こうして、自ら「全一学」体系五部作への執筆に、高齢の身をもって挑戦する一方、道縁深き方々の出版刊行の支援にも、惜しみなき努力を尽くされました。それがすなわち『上村秀男著作集』であり、東井義雄氏の『培其根』であり、彫刻家笹村草家人氏の『炉辺閑話』の出版刊行でした。

そのほか、三つの「全集」の刊行にもかかわりを持ち、幽《かす》かな心願として支援されました。その三種の全集とは、仏教哲学者の『毎田周一全集』であり、親鸞教徒の『川上清吉全集』であり、明治の義人『田中正造全集』です。その推進の原動力として陰の骨折りを尽くされました。

そしてかねてより構想の「全一的世界」に着手するにあたり、すでに発行の『全一学ノート』（寺田清一編）のそれぞれの断章について、先生みずから自註自解の形式でまとめる方針をとられました。これについては、全く稀世の老哲学者から「全一学講義」を拝聴する感すらいたしました。

『情念の形而上学』の執筆

ところで齢八十歳から全一的世界観ならびに人生観について、後世の人々への置き土産とでもいう深いお考えから、『創造の形而上学』『全一的人間学』『全一的教育学』『全一的世界』と書き進めてきた森先生は、はたと腹の底に何か巨大な怪物の残存するのを痛感されたとのことでした。

その「怪物の正体」こそ情念にほかならず、「棺桶に入るまでは心のどぶざらえをせねばなるまい」とのお考えから、ついに『情念の形而上学』の執筆を思い立たれました。

ここでは、「情念」発生の根源をつきとめ、「情念」の諸相の把握だけでなく、「情念」の浄化法まで究明されています。こうして、「全一学」五部作が、下稿ながら完結することになりました。

○「全一学」というのは、哲学よりも広汎なものです。第一、全一学の専門家というものは無いというのが本当で、少なくとも専門家との素人との境界線はないというわけです。全一学を何か固定的な学問であるかに考えるほど誤解の甚だしきはないと言えます。

（『坐談抄』より）

17——八十五歳の大患

満天の星座を仰ぐ

『情念の形而上学』の執筆を終えられて、初めて下稿ながら「全一学」五部作が完了することとなりましたが、これが哲学書としての文字通り最後の著述となりました。それからどうしたことか、先生は文字を書くことが急に「心の負担」となり、大儀さを感ずるようになられました。一つの理由は書痙《しょけい》の進行によるものでした。

それがために、「印刷物に対して、読後感は失礼させていただきたい」と、誌友諸氏に「実践人」誌上をもって了解を求められるほどでした。しかしこれも、今から思えば、これが天の与え給うた予兆であったと考えられるのですが、その頃は知るよしもありませんでした。

先生は満八十四歳の誕生日を迎えられた感懐として次の一首を詠まれました。

かそけくもひと世をかけて歩み来しいのちの道は幽《かそ》けかりけり

また「新堂守りの記」に「八十四歳を迎えて」の一文が寄せられています。その中で特に注目すべきことは「この広い世の中には文字通り、それこそ無量多の卓れた方々が、満天の星座の如くいられ、それによってわが国の社会は無限に豊富複雑に充たされてかつ運転しつつあることが、心に沁みて分かりかけて、洵に無量の感慨に打たれている次第です」とあることです。この一文からは森先生の敬虔な心境のほどに心打たれる感がします。

公案「婆子焼庵」

そうした晩年の境涯において、今一つ、対女性の態度について変化が起こりました。今までの厳しい回避というか禁忌から一転して、やや濶達自在の心境が兆し始めたようです。それについて禅の公案の一つである「婆子焼庵《ばししょうあん》」が、天から授けられたとのことです。

「婆子焼庵」とは、ある老婆が一人の若い僧を見込んで二十年間お泊めし、お世話して来たが、もうこの辺でその進境ぶりを試そうとして若い娘にその旨をいいふくめ、ある日突然抱きつかせて「どんな気持ちですか」と問えば、僧曰く「枯木寒巌に倚る如し」と答えたというもので、それを聞いた老婆は大いに怒って、その僧を追い出したばかりか、けがらわしいといってその庵を焼き払ったという公案です。

先生曰く、「この公案は、わたくしには到底通過する力はなかったですが、天のはからいによって、なんとか通していただけた」とのことです。

凄絶の人

そうした頃、ハワイの旅で同行した川端正和氏の誘いを受けて「壱岐の旅」に出発されました。そこでの最大の収穫は、電力界の鬼と謳われた松永安左ヱ門翁の記念館でした。晩年の翁の写真を見てさすがの先生も感嘆し、「今日まで見た日本人の顔の中でも最も凄い面構えである」と述べておられます。

そして土産ものとしていただいた壱岐名物の「鬼凧」ののれんが大層気に入られたようでした。

なお松永安左ヱ門翁は、昭和四十六年九十七歳の生涯を全うされましたが、長逝二か月前にトインビーの『歴史の研究』の日本版の出版に打ち込むという執念と気魄と先見性は、先生のそれと相呼応するものがあったといえましょう。

その頃また岡本幸治氏の誘いを受け、印度の旅を決意されていたようですが、動悸の打ち方がやや変調で不整脈の兆候があるとのことで、印度行きは思いとどまることにされました。しかし、相変わらず国内での連続強行は続いていました。

五月十四日から十九日まで福岡中心の旅。二十日、海星女子大へ出講、そして神戸読書会に出席。貧血症状でやっと帰宅。二十一日夜、みそ汁会を開くも、顔色すぐれず。二十七日、体調不調の中、海星大へ出講。同僚の追悼ミサに参列。

このような多忙の明け暮れが、満八十五歳の先生の日常でした。

ついに斃れる

五月二十八日、顔面が蒼白となり、歩行すら困難な状況となりました。二十九日、症状は一段と悪化。箸さえ持てず、脳血栓症状との診断が明瞭になりました。幸いなことに二男の医師松本克彦氏の指示にしたがい、塚口病院に入院、療養生活に入られました。

脳血栓による右手の障害は痛ましい限りでしたが、入院三週間にしてやっと「山川草木転荒涼」と楷書でペン書きするまでに回復。高齢ながらリハビリにも努められました。

そして病床に臥しつつ、「天意いずこにありや」と深思された結果、それは一切を放下して、「新全集」の編集と刊行に向けて集中すべしとの「天」の一大警告であったといえるとの結論を得ました。というのも、累積の疲労が体力の限界を越えているにもかかわらず、いろいろな世間的な義理のしがらみに埋没せざるを得ない生活が続いていたからです。

再生

こうした静養の日々の中、八月二十日、神戸市立の国民宿舎須磨荘において第五十三回夏季研修会が開催されました。

先生は、研修会の第一日にご挨拶だけでもということで、病院長の許可を得、看護役の奥須賀さんに付添われ、壇上に歩を運ばれました。そして現在の心境として、次の一首をやっと黒板に書き記されました。

天《あめ》なれやこの世の生のいや涯《はて》にいのちの甦《よみが》へり賜《た》びし畏《か》しこさ

不自由な右手を左手でねじあげつつ、一字一字をきわめてゆっくりと書き上げられました。

そして九月三十日、百日余に及ぶ入院生活を終えて、無事退院。翌日、付き添われながら海星女子大へ辞表を提出、永らくのご迷惑を謝られたのでした。それにあわせて仲村一男画伯のスペイン風景画と、高群逸枝女史の肖像写真を寄贈し、先生はやっと心安らかになるものがありました。思えば海星女子大の勤務は十七年に及ぶもので、ひとえに高木節子学長の信頼と厚遇の賜ものでありました。

ネオ行者

退院後は、特別有料老人ホームにとの勧めもありましたが、「実践人の家」こそわが命終の地と定め、独居自炊の生活を続けられました。日増しに体力は回復しつつあるとはいえ、身体の起き臥しや衣服の脱着、歩行などにままならぬものがありました。

養母の姪御にあたる榊原ふく子さんがその頃はまだご健在で、この人にお願いしてはとも思われましたが、先生は〝「実践人の家」はあくまでも道場であって、私の私宅ではない。したがって女人の長期宿泊は好ましくない〟といわれました。

やがて「実践人とはネオ行者」という一語を、「実践人」誌の第一頁の冒頭に掲げられることになりました。そうした一方において、このたびの大患によって、いかに多くの身近な方々によって手厚い看護を受け、支えられてきたかを痛切に味わわれたようで、毎月連載の「新堂守りの記」に、いちいちお名前をあげて深謝の意を述べておられます。

○（一）このわれわれの人生は、二度と繰り返し得ないものだということ、さらにもう一つ（二）われわれは、いつ何時死ねばならぬか知れない――ということの二重の真理が切り結ぶようになって、はじめてわたくしたちも、多少は性根の入った人間になれるといってよいでしょう。

○わたくしたちが、自分の人生を真に充実して生きようとしたら、結局「今日」の一日を、いかに充実して生きるかということが、最後の「秘訣」といってよいでしょう。それというのも、人間の一生といいましても、結局は一日一日の積み重ねの他ないからであります。

（『幻の講話』より）

18 ―「新全集」の刊行

元旦試筆

退院後三か月を過ぎて、病後初めての正月を迎えました。この年の元旦試筆は、果たして書けるかどうかおぼつかないことでしたが、そこで揮毫された文字は「再生」でした。まさに再生の喜びを嚙みしめる心境だったと思えます。続けて百枚をなんとか書き上げました。そうした揮毫の日を重ね、病中詠として

天《あめ》なれやこの世の生のいや涯《はて》にいのちの甦《よみが》へり賜《た》びし畏《か》しこさ

という一首まで書き重ねられましたが、これらは会員の方々に差し上げるための

ものでした。

病後、どうしたわけか足のむくみがとれず、正座さえむずかしく、掘ごたつを設置することになりました。以来掘ごたつの生活が始まり、ここで終日、書信の返事や原稿補訂に明け暮れました。

そして、いよいよ「新全集」刊行に向かって、種々の協議がこの掘ごたつを囲んで重ねられ、全巻の編輯内容及び頒価の決定となり、推せんの辞を左記の方々からいただきました。

暁烏哲夫氏・上田薫氏・梅原猛氏・岡本幸治氏・木南卓一氏・久山康氏・鈴木亨氏・高木節子氏・東井義雄氏・山県三千雄氏（五十音順）

こうした学者・教育者の先生方だけでなく、「実践人」誌上には道縁深い方々の期待と喜びの声を掲載しました。

陰の功労者

こうして「新全集」の刊行に向かって一意専心されたのですが、どうしたものか、手足のむくみがひかず、一段とひどいようでした。そこで八尾在住の甲田光雄先生の診断を仰ぐことになり、甲田先生独特の食事療法を実行することになりました。すなわち、朝食抜きの二食、玄米食少量、お菜は豆腐半丁ほか、五種の生野菜をミキサーにして飲むこと――を厳守されたのです。また分厚いベニヤ合板の「板床」の上に寝るということさえ、あえて実行されました。

こうしたことも、すべてが「新全集」刊行完結への窮余の一策でした。同時に、共に多年にわたり「実践人」の事業に献身された端山護氏の病体への気くばりもあり、共に同じ「食事療法」を半年ばかり続けられたのです。

その端山護氏は「実践人の家」の城代家老といわれた方でした。若き日に天王寺師範専攻科で教えを受けて以来、卒業後も師事し、開顕社の事業を助けるため中途で教職を離れたのですが、開顕社の没落後は、窮乏生活にもよく耐え、再び「実践人の家」の開設と同時に献身援助された篤実精勤の士でした。

また、松山の丹生谷勉氏が森先生の原稿清書に尽くされた陰の功績は大きいものがありました。「旧全集」「新全集」の原稿の八割前後を清書くださった方で、読み辛く難解な原稿も一字すら判読できないものはなかったほどでした。

こうした陰のご協力をいただき、また全国に及ぶ会員の支持を得て、「新全集」八巻の刊行事業が運ばれたのです。第一回配本を終えた「新全集」は、快調にスタートしました。

具眼の士

その頃、今一つ、喜ぶべき快報がもたらされました。それは東京屈指の美術商の木村東介氏よりの書簡でした。その一部を引用します。

「私は長い間此の世の真物と偽物を見分ける事に生涯をかけて来ましたが、一度先生の書体を拝見して近頃稀れに見る真物の書と確信いたしました。私の眼に狂いはありません。長谷川利行も宮島詠士も斎藤真一も中山優も、皆私の眼で促えた神品です。当然森先生の書もこの範疇で光りを放つ書で、後の世の民族の宝になるものです。二十年、三十年、そして五十年、百年の後の日本民族の中に残しておいて下さい。私の眼に狂った試しはありません」

この書面が、森信三先生の許に突然届けられたのですから、先生の胸中いかばかりであったかお察しできます。

それにしても、木村東介氏のただならぬ眼力の深さには、驚きのほかありません。それも表具師の篠田和吉氏を通して手にした『不尽片言』の表紙の、題簽の四文字だけを見たうえでの評価ですから、その炯眼がいかにすばらしいかを物語っています。森先生もまた、書画骨董に一家言を持つ具眼の人でした。

どちらかといえば森先生は教育界にのみ限られてその異彩を放って来られ、マスコミに近づくを心よしとしない一面がありました。そのため、あまり世間に知られなかったのですが、次第に心ある識者によって注目され始めました。

その一人が、全日本読書人クラブの竹下肥潤氏であり、また致知出版社編集長の藤尾秀昭氏であり、また藤尾氏を通して注目くださったのが伝記作家の小島直記氏であります。

再入院・転居

昭和五十八年三月七日の朝、端山氏が「実践人の家」に出勤しますと、階下の廊下で臥せておられる先生を発見しました。午前二時まで仕事に没頭され、疲れ果てた末、階上の部屋へ行こうとされて、そのまま意識不明になり倒れこまれたようでした。

三月十日、海星病院へ入院。一時は再起不能かと危ぶまれました。「新全集」も、第一、第二回の配本を終えたのみで、まだあとに残りの刊行をひかえており、一同は憂愁の色に包まれました。

先生のすべての一語一語が遺言のごとくで、辞世代わりにと短歌二首も託されました。

わが呼吸《いき》の底をささえて生きませる神の御国に還りゆく身は
これの世に派遣《つかわ》しませせし大御旨《みむね》果しも得せで迎へとらるる

そしてたえず心に念じ口に唱える「念唱の詞《ことば》」として示されたのは、

人間は
神の御国ゆ
生《あ》れしゆえ
神の御国に迎えとらるる

の一首でした。

こうして神意のままに全托の境涯に入られたのですが、また「不死鳥のごとく」回復され、消極的ながらリハビリ訓練を受けるまでになりました。担当医も「枯木に花が咲いたようだ」といわれるほどで、丸三か月の入院生活を終えて退院されました。

退院後は、特別養護老人ホームへとも考えられましたが、結局、三男迪彦《みちひこ》氏宅の一室を改造し、そこにベッドを据え静養の身となられました。典子夫人も教職の方ですから、昼間は家政婦のお世話になるという日々が始まりました。

朝夕の典子夫人の献身ぶりは並たいていのことでなく、食事や身の回りのことはもちろん、早朝六時過ぎのおむつの取り替え、それに就寝前には全身の温布清拭等、何くれとなくお世話なさいました。


静養先が次第に広まり、先生の許へ縁ある方々の通信や便りが届くようになり、再び書信の返事に来訪の面談にまた明け暮れる日々となられました。

主としてハガキの返事ですが、必ず末尾に、「マヒの右手もて――」と書き記されました。一時の硬直状態よりやや回復されたとはいうものの、病気前よりスピードが衰えたためか、読みやすくなったとの声もありました。

それにしても、一代を通して全執筆の八割までが書信の返事というのですから、いかに書信の返事を大事にされたかがわかります。その文面に満ちた気くばりと温もりには敬服のほかなく、その一枚一枚には実に味わい尽きぬものがありました。

地方研修会の動き

昭和五十八年度の夏季研修会は、先生の意向により中止ということを発表しました。全国実践人の有志の中には意外千万のこととして受け取る方もありましたが、その代わり、第一に、できれば地域的な小グループによる研修会を開催して欲しい、第二に、新『契縁録』の刊行に協力いただきたいと懇願されました。

こうした地方研修会の呼びかけは意外な反響を呼び、北は秋田仙北地区を初め、埼玉北部や浦和地区、横浜地区、それに信州地区、東海地区、そして近畿の地元にきて、泉州・尼崎・神戸・播磨地区でそれぞれ開かれることになりました。四国では伊予地区、中国地方では倉敷地区と安芸地区、それに九州では福岡地区と宮崎地区がおのおの名乗りを挙げ、それぞれ見事な結束と成果を得られました。

そしてまた、『契縁録』については五百名近い方の参加を得ました。その第一集(昭和四十五年刊)は先の全集二十五巻の完結記念のもので、『契縁録』第二集は、新全集八巻の完結記念として刊行されたものです。いずれも森先生と道縁を結ばれた方々のミニ小伝を集めたものです。

絶対必然これ天意

さて、森先生は体調の完全な回復は到底無理だと判断せられ、社団法人「実践人の家」の理事長を辞任すると共に、後任に安田善四郎氏を推挙されました。

こうして、すべてを後任に託し解放感を味われると共に、「ｉｆ《イフ》ミニ自伝抄」の執筆に取りかかりました。これは一種の自己運命の内観で、一代の人生の分岐点をふりかえり、もしも（ｉｆ）あのとき、違った道を辿ったならどうなっていただろうかと想像するという試みでした。結局わが一生はすべてこれ神天の導きであったとの確認につき、改めて総点検せられたものです。

この「ｉｆ自伝抄」の中に、先に述べた建国大学就任に先立つ西晋一郎先生との面談の一節も書きとめられています。そこにこうあります。

〝予が先生ノオ宿――道頓堀ノ北詰メヲ一寸東へ入ツタ北側ノ宿デ、タシカ河内屋ト言ッタカト思ウガ今ハ無イ――へ向カッタ処、先生ニハヤヤ改マッタ調子デ、

「今日ハ少シ話ガアルガ――」ト仰シャッテ、「実ハ君ニ満州国ノ建国大学へ行ッテモライタイノダガ――」トノ話ユエ、予トシテハ生涯ヲ国民教育ノタメ捧ゲヨウトシテイタコトトテ、ソノ旨ヲ申シ上ゲタトコロ、先生ニハソノ後凝然トシテ沈黙セラレシママ、一言モ仰シャラレズ、カクシテ双方共ニ一言モ発セズ凝然タル沈黙ニテ、カクノ如キ永キ沈黙ノ経験ハ、予トシテモ生涯無カリシナリ〟

永い沈黙の末、結局、建国大学への就任を受諾されたのですが、これがまた過酷な天与の試練となったことは先に述べた通りです。

いずれにしても先生のゆるぎなき宗教的確信ともいうべきは、次の一語に尽きるようです。

〝絶対不可避なる事は即絶対必然にしてこれ「天意」と心得べし〟

いわば、〝わが身にふりかかることすべてこれ天意〟ということです。

こうした「·if自伝抄」の執筆を最後にすべての編集を終え、ついに「新全集」八巻を完結されたのが、昭和五十九年（一九八四年）の八月でした。このとき、「新全集完結記念大会」が二泊三日にわたり、関西私学セミナーにて開催されました。先生は車椅子で参加なされ、「神天に導かれて」と題し、講話をされました。もちろん『契縁録』（第二集）もあわせて刊行でき、道縁のありがたさを互いに噛みしめ、一同は先生の末永きご長寿を願ったのでした。

○二十一世紀には、人類の歴史上まさに空前の世界的変化が始まるのではないかとわたくしには予感されます。そしてそれに対して、教育の立場から言いうることは、たとえそこに如何なる変化が生じようとも、とにかく刻々に生起する現実に対して、つねに適切に対応しつつ、やがてそこに自己の一道を拓き得るように行動的叡智を身につけた人間をつくることが必要だといえましょう。

（『不尽片言』より）

19――いのちは永遠《とわ》に

森先生の部屋には、宮崎童安氏の素朴で雅味あふれる書〝いいな〟が掛けられていました。この掛軸を先生は晩年こよなく愛され、〝わたくしが死んだら、この書を「実践人の家」で保管し、時に掛けて欲しい〟とさえおっしゃられました。

どうしたわけか、平成四年の四月頃から微熱が下がらず、終日うとうとされる日が続きました。主治医の診断では、特に異常なしということでした。お訪ねするたび、耳元で声をかけると眼は開けられるものの、瞳にはかつての力がなく、ただ虚ろな眼《まなこ》を向けられるだけでした。やや笑みを含むその表情も瞬時に消えて、無表情のままでした。そのお姿は、眠れる獅子という感すらしました。

その頃各地の道友によって記された『余光録』と、それぞれの道縁のいわれを示す『契縁録』（第三集）が同時に刊行されましたが、時すでに遅く、森先生はこの書を手にされるのがやっとのことで、視点も定まらず読もうとする気力もかなり衰えておられました。

スプーンで差し出す流動食も口をあけて食べるのがやっとで、こうした容体が続くうち、十月頃からとうとう昏睡状態となり、安否をうかがう来客にもひとことも発せられず、静かに仰臥した先生のお顔に接するだけでした。

かくして十一月十九日夜の十一時頃、この世のものとも思えぬ微笑みを満面にたたえられたとのことを伝え聞きましたが、これは家族の方への感謝とお訣れの微笑みだったのでしょう。

そしてついに、十一月二十一日午後六時二十五分、静かに黄泉《よみ》の国へ旅立たれました。そのお顔はまさに彫像の良寛さんそっくりで、鼻すじといい、額といい、共通する温和な気品がただよっていました。

十一月二十三日夜、神戸市中央区の東極楽寺にて通夜の法要が行われ、翌日午後告別の儀が執り行われました。先生の道縁につながる大勢の方々が遠くからも参列され、永遠のお訣れとなりました。

○

思えば、先生は何事にあれ透察のお人でした。先生の言葉に「一眼は遠く歴史の彼方に、一眼は脚下の実践に」とありますように、縁のある人々の運命に思いをはせ、その人の喜びと生甲斐に満ちた生涯の展開に何らかの寄与を願ってやまない祈念の人でした。それは道縁につながる人々に限らず、教育界をはじめ、国家・民族ひいては人類の未来にも思いをはせてのものでした。とりわけ二十一世紀の展望についての最大の関心を寄せておられました。

先生はまた、同悲のお人でした。かつて書き残された書に「天下同悲のひとびとのこころを思ふ」とあります。先生はこの世においてめぐりあった道縁を大切にされましたが、とりわけ「めぐまれぬ人々への思い」は格別だったのではないかと思われます。さまざまな境遇の人の抱くもろもろの苦悩についての察しと同悲の心を常に胸中深く抱き続けられたように思われます。

それは、先生自身も、その生い立ちからしてさまざまな出来事に遭遇し、生涯を通して幾度か苛酷な試練に呻吟《しんぎん》せられたからでありましょう。

先生の「読書論」一つを取り上げても、それは先生の「人生論」そのものです。先生の読書論は、あまり本を読まれない人に、いかに読書の喜びを伝え、導くかという観点から説き尽くされたものです。常に人生の入門書、その道の手引書を目指されたのも、透察同悲の心に由来するといえましょう。

それだけに、みずから下坐《げざ》に立ち、下坐行を重んずるお方でした。「米粒ひとつつくらず、瓦いちまいも焼かないで、壇上から人に教えを説く人間は、せめて紙屑の一つや二つは拾わせてもらわねば申し訳ない」というお考えでした。

申すまでもなく、「人生二度なし」を根本信条とする先生の生き方は、凛烈そのものでした。寸刻を惜しんで、ハガキの返事に打ち込み、乞われるままに全国講演行脚の旅に出向かれ、ご担当の大学講義にも力を尽くし、そして余暇を得ては執筆に一意専心するという、いわば三つどもえの仕事に全精力を傾けられたのでした。

そのほか雑事雑用も決して軽んずることなく処理されながら読書は欠かさず、〝わたくしが電車に乗って、二分以内に本を開かなくなったら、衰えた証拠といえましょう〟といわれたほどに、寸刻をのがさず、多面的な読書に励まれました。

思えばすべてのことに、多角的な関心を示されるお方でした。書画・骨董・陶芸はもとより、一木一草にいたるまで多大の興味を覚えるお方でした。みずから〝わたくしの宗教は拝花宗とでもいえましょうか〟といわれるほどに、花を愛で、しかも大輪の花よりも、小粒な四季の花をとりわけ愛されました。

しかも位階勲等には縁がなく、したがってマスコミにも世間的にも知られざる人でした。ただ教育界を中心に心ある方からは、〝この人あり〟と慕われ、多くの方々に敬愛されました。

先生としては、自ら隠者の道を選んだわけではございませんでしたが、隠者の人、幻の人を憧憬し続けられ、ひそかに求道の原動力となされたといえましょう。そうした点で、やはり自己に忠実にして真摯な求道の人であったと申せましょう。

晩年つくられた先生の歌稿の中に次の一首があります。


肉《しし》むらの朽ちはてむとき自《し》が書《ふみ》のいのち幽《かそ》けく呼吸《いき》づくらむか

先生の歩まれた道はきびしく凄まじく、しかもあまり人目につかぬ幽《かす》かな道でありました。その著述の一言一句はきわめてやさしく一見ごく平凡なものでありながら、今日この頃、多くの人々の注目を集めつつあるのは、そこに含まれる真実の力と真理の放つ光芒によるものでありましょう。

〈注記〉

本稿は森信三先生ご執筆の「自伝」(全集第二十五巻)ならびに「小伝」(続全集第八巻)に準拠しつつとりまとめたものです。

なお本稿の補筆修訂につきまして村上信幸氏ならびに武川浩一郎ご夫妻にたいへんご尽力たまわりましたことを書き添え御礼を申し上げます。

年譜（年齢は数え年）

明治二十九年（一八九六）　一歳

明治二十九年九月二十三日、愛知県知多郡武豊町にて誕生。父端山俊太郎、母はつ（祖父端山忠左衛門は第一回国会議員にして、のち愛知県会議長四期十六年）、男三人兄弟の末っ子として出生（中の兄は生後まもなく死亡）。

明治三十年（一八九七）　二歳

実母不縁にして生家に去る。

明治三十一年（一八九八）　三歳

全然縁もゆかりもない一小作農の森家（現半田市岩滑《やなべ》）にもらわれる。養父は種吉。養母はる。

明治三十六年（一九〇三）　八歳

岩滑小学校尋常科に入学。複式学級に学ぶ。

明治三十七年（一九〇四）　九歳

旧刈谷藩士の松井立身先生より深き感化を受ける。小学一、二年の幼童に涙を浮かべつつ楠公の話をされ、「これでも昔は二本差していたので他人事《ひとごと》とは思えない」云々と。

明治四十年（一九〇七）　十二歳

岩滑小学校卒業。半田小学校高等科へ入学。当時の校長日比恪は、第一回の奏任校長にして実家側の叔母の夫。高等小学一年（今の小学五年生）の担任は石川唯一先生で漢字の造詣が深かった。

明治四十一年（一九〇八）　十三歳

正月元日、実家の祖父より、頼山陽の「立志之詩」を教えられ、これが生涯のタネ蒔きとなる。この頃将来教師になりたいとの志望を抱く。十二月、日比の叔父より中学受験の断念の外なきことを言い渡され、初めて人生の挫折感を味わう。

明治四十四年（一九一一）　十六歳

高等小学校卒業。母校の給仕となり、校長（叔父）室の片隅に席を与えられる。この頃叔父の導きにて、岡田式静坐法の祖岡田虎二郎先生の偉容に接する。知多半島の内海における准教員講習会（四か月間）を受講。生れて初めて両親の許を離れて友人三人との自炊生活。実家の兄端山民平

（十九歳、以下凡て数え年）チフスに罹り死亡（五月二十三日）。それ以後、日記の表紙裏に「誓って亡兄の分と二人分の仕事をせむ」と記す。

明治四十五年（一九一二）　十七歳

四月より半年、半田小学校にて代用教員。十月、愛知第一師範に入学。寄宿舎生活を始める。当時の校長の三浦渡世平先生は、中村正直（西国立志篇の名訳あり）の高弟にして旧幕臣。その卓然たる風格は終生消えることがなかった。

大正四年（一九一五）　二十歳

この夏、親友榊原源吉君と泳いで、衣浦湾の横断を試みるが失敗して危く助かる。九月二十一日師範学校三年生のとき、祖父端山忠左衛門（七十一歳）逝く。師範学校四年生のとき、チフスに罹り入院。

大正五年（一九一六）　二十一歳

十月十五日、師範学校卒業。卒業前に「師範教育革新論」を地元の新聞に投書して舎監より厳戒さる。卒業の際、八木幸太郎先生の奨めにより、卒業記念として「日本倫理彙編」（全十巻）を購む（徳川時代の代表的学者の選集）。十月十七日、県下幡豆郡横須賀町小学校に赴任。高等科一年生を担任。赴任の直後、三浦修吾先生の名著「学校教師論」を読んで甚大なる感銘を受け、生涯の方向を決定づけられる。

大正六年（一九一七）　二十二歳

「日本評論」新年号の懸賞小説に一等当選。選者は小川未明。題名は「黎明」。農村における水争いがテーマ。

大正七年（一九一八）　二十三歳

横須賀町生活（一年半）を終えて、四月広島高師の英語科に入学。前半二年間の学資は、母方の従兄の山口精一氏より恵まれる。

大正八年（一九一九）　二十四歳

広島高師二年生のとき、はじめて福島政雄先生に接す。親友柳川重行・松本義懿の両君と共に、福島先生を中心とするペスタロッチ研究会をはじめる。のち柳川・松本・玖村の三君と共に雑誌「渾沌」を発行し、わが国ペスタロッチ運動の中心的機関誌となる。

大正九年（一九二〇）　二十五歳

広島高師三年生のとき、初めて西晋一郎先生の講義を受ける。夏休みに福島先生と阿蘇登山。三年生の四月より匿名の篤志家（サントリーで有名な鳥井信治郎氏）から卒業まで学資を供せられる。

大正十年（一九二一）　二十六歳

広島高師四年生のとき福島先生宅に寄宿。松本文子を知り、小日向定次郎先生の高配にて婚約成る。卒業論文として「人及び詩人としてのホイットマン」を書く。

大正十一年（一九二二）　二十七歳

広島高師卒業。大阪府立阿倍野高等女学校に英語教師として赴任。

大正十二年（一九二三）　二十八歳

京大哲学科に入学。学資は四日市の実業家小菅劔之助氏に仰ぐ。恩師西晋一郎先生の「倫理学の根本問題」が刊行されて貪り読む。当時哲学科の主任教授は、西田幾多郎先生、以来昭和六年三月末まで八年間、先生の講義を聴講する。

大正十三年（一九二四）　二十九歳

西三河・西端の地に「無我愛」の行者伊藤証信氏を訪ねる。この頃友人の紹介にて沢木興道和尚を知り、その提唱を聞く。なお京都在住の福田武雄夫妻と相知り、その道縁により「野の思想家」について知る。

大正十四年（一九二五）　三十歳

六月二十日、養父種吉死去（六十四歳）。

大正十五年（一九二六）　三十一歳

京大哲学科（本科三年）を卒業。卒業論文は「プロチノスの〃太一〃について」。大学卒業と同時に結婚。北白川に家をもつ。大学院に籍をおきつつ、四月、大阪天王寺師範と女子師範の専攻科講師となる。テキストとして西田先生の「善の研究」と、西先生の「倫理哲学講話」を併用、以後満三年に及ぶ。

昭和二年（一九二七）　三十二歳

伊藤証信氏、毎週三日京都に来られ、二人で西洋哲学と仏教の交換講義をし、以後五年有半に及ぶ。

昭和三年（一九二八）　三十三歳

この年教え子の山本正雄氏より、二宮尊徳の遺跡廻りの土産として、「報徳記」及び「二宮翁夜話」を贈られ、「夜話」の開巻劈頭にある「天地不書の経文を読め」との一句により学問的開眼を得る。

昭和四年（一九二九）　三十四歳

教え子山本正雄・野仲護らの有志と大阪市内なる平野の大念仏寺にて文莫読書会を始め、西晋一郎先生の「実践哲学概論」を購読す（以後二年三か月続く）。

昭和五年（一九三〇）　三十五歳

広島高師の学生時代より求めにもとめし新井奥邃先生の「奥邃広録」（全五巻）を、京都の福田武雄氏方の書棚に見出して歓喜限りなし。この我が国最深の「隠者」の感化は終生を貫く。

昭和六年（一九三一）　三十六歳

大学院五か年の課程を終え、天王寺師範の専任教諭となる。七月、八年間住み馴れた学問の都京都を去って、大阪市の南郊田辺西之町に転住。天地の間に一人起つとの感慨深し。実母の姉の山口せき女の死により帰郷、葬儀に列して人生の寂寥を痛感。これが発条となり、処女作「哲学叙説」の執筆を開始（十一月八日）。翌年三月稿了。

昭和七年（一九三二）　三十七歳

十月より翌年三月まで国民精神文化研究所第一回研究生として上京、その間金原省吾氏を訪ね、初対面にもかかわらず「哲学叙説」刊行の斡旋の好意を受ける。また野の思想家江渡狄嶺を訪ねること数次、ついに同氏宅にて越年。

昭和八年（一九三三）　三十八歳

天王寺師範本科一部生の修身科を教えることになり、この講義筆記が後に「修身教授録」となる。

昭和九年（一九三四）　三十九歳

卒業生の有志と斯道会を設立し、西晋一郎・福島政雄の同博士を講師として毎夏お迎えする。

昭和十年（一九三五）　四十歳

西晋一郎先生より学位論文の執筆をすすめられ、夏休みに「恩の形而上学」を一気に書き上げる。されどその形式が学位論文の様式に添わぬとの事に、以後再びその意なし。

昭和十二年（一九三七）　四十二歳

夏休みに「学問方法論」の下稿なる。はじめて芦田恵之助先生に相まみえ、先生の懇情により「修身教授録」（全五巻）が同志同行社より刊行さる。

昭和十三年（一九三八）　四十三歳

一月より旧満州国に建国大学が開学され、秋ごろ建大への赴任をすすめられて決意する。

昭和十四年（一九三九）　四十四歳

渡満のため出雲の稲佐の浜に禊し、危く一命をとり止める。四月五日、大阪を発し、多数の人々の見送りを受ける。四月七日、建国大学に赴任（単身）。夏休みに帰国し、内地より家族をつれて渡満する。この後毎夏冬の休みには帰国し、斯道会・知多哲学会その他の講演にのぞむ。

昭和十六年（一九四一）　四十六歳

建国大学塾頭を拝命。

昭和十八年（一九四三）　四十八歳

六月八日　養母はる逝去（八十歳）。

昭和十九年（一九四四）　四十九歳

建大学務課長に就任。作田荘一先生、学生事件のために副総長を辞任引退。少年義勇隊のための教本、東京にて灰燼に帰す。

昭和二十年（一九四五）　五十歳

七月、学生募集のため朝鮮へ出発。八月十五日、平壌にて敗戦の放送を聞く。八月十七日、辛うじて奉天にたどりつき、勤労動員中の長男に逢って帰る。十二月十四日、ソ連軍に拉致され、白系ロシヤ人の元建大生の懇情により一週間後釈放される。十二月二十七日、旧建大生の金森君と共に新京を脱出。夕方辛うじて奉天着。十二月三十日、源田家の食客となる。

昭和二十一年（一九四六）　五十一歳

源田君発疹チフスにて死亡。よって二月中旬、源田家を去る。厳寒零下二十七度、半壊の空家にて一夜を明かし凍餓死を決意するが、隣家の人の厚意によって救われる。三帖の間に厄介になり大道易者として辛くも生計を立てる。五月上旬、難民第二号として引き揚げに決し、奉天より錦州へ、約二十日間同地滞留。六月七日、胡盧島発のバイカル号により舞鶴港へ。国破れて山河ありとの感慨深し。妻の実家たる上甲子園の松本家を訪えば、図らずも妻子と再会し驚く。引き揚げ後、しばらく作歌三昧にあけくれ――後日歌集「国あらたまる」として刊行――各地より講演の依頼を受ける。十月二十一日、島根県阿井村の加藤歓一郎氏に招かれ、一週間奥出雲の山中を巡講。

昭和二十二年（一九四七）　　五十二歳

二月五日、個人誌「開顕」を創刊。芦田恵之助先生の「低平」誌によって紹介され、全国各地より誌友の申込みを受ける。三千に近し。自来食糧難、交通難のさ中を、各地の読書会や座談会に出席。九月、開顕社にて、明和印刷出版の「子どもと科学」の取り次ぎを開始。

昭和二十三年（一九四八）　　五十三歳

四月、叢書「国と共に歩むもの」（全五巻）の刊行を企て予約受付け開始。六月、父母のための小雑誌「親と子」を創刊。八月、教え子端山護、教職を退いて開顕社の事業を助けやがて社に殉ぜらる。十一月、妻文子の引揚記―「脱出行」刊行。

昭和二十四年（一九四九）　　五十四歳

六月、開顕社より作田荘一博士の「時代の人河上肇」を刊行。不慮の奇禍により胸部肋骨骨折により静養。十月、歌集「国あらたまる」を刊行。

昭和二十五年（一九五〇）　　五十五歳

六月、明和印刷より独立し「少年科学」を創刊。七月、山陰地方へ講演行脚の旅。九月、姫路より江州方面へ講演の旅。負債のため財政次第に困難に陥り、ついに開顕社没落、死を決意するまでに至る。甲子園の家屋敷を売却してその返済にあてる（負債額を時価に見積れば一億円前後か）。

昭和二十六年（一九五一）　　五十六歳

十月、兵庫県立篠山農大へ英語講師として勤務。

十二月、神戸市桐ヶ丘へ転居。十二月九日、芦田恵之介先生、丹波の法楽寺にて逝去。芦田先生の追悼号として「開顕」五十五号をこれに当てる。

昭和二十七年（一九五二）　五十七歳

八月一日より同八日まで、第一回夏安居を京都府下の胡麻小学校にて開催。デューイの主著「民主主義と教育」をテキストとしてついに読了。また十二月二十五日より二十八日まで、冬季読書会を西三河の幡豆学園にて開催。

昭和二十八年（一九五三）　五十八歳

四月、塩尻公明氏の推輓により神戸大学教育学部教授に就任。八月、第二回夏安居を、比叡山上の宿院にて開催。参加者三十九名。十二月、冬期研修会を丹波法楽寺にて開催。故芦田恵之助先生の三周忌追悼読書会とし、全国の同志七十三名参集。

昭和二十九年（一九五四）　五十九歳

八月、夏季研修会を西宮甲子園小学校にて開催。十二月、冬季研修会を兵庫県城崎町の温泉寺にて開催。

昭和三十年（一九五五）　六十歳

八月、夏季研修会を尼崎市開明小学校にて開催。十二月二十九日、西宮市上野町へ転居。妻文子過労のためノイローゼとなり入院。

昭和三十一年（一九五六）　六十一歳

一月、冬季研修会を知多郡内海町内海館にて開催。四月、「開顕」誌を「実践人」と改題。七月、還暦記念として「教育的世界」を刊行。八月、第三回夏季研修会を高野山蓮華寺にて開催。参加者二百名を超える。十一月、西宮市神呪《かんのう》町へ転居。十二月、「教育的実践の諸問題」を刊行。

昭和三十二年（一九五七）　六十二歳

一月、冬季研修会を静岡県舞坂町弁天島の白砂亭にて開催。五月、「日本の方向」（「二宮尊徳と毛沢東」）を刊行。七月、「回想の芦田恵之助」を実践社より刊行。八月、第四回夏季研修会を高野山上蓮華院にて開催。十一月、「学問の再建」を刊行。十二月、第三回冬季研修会を出雲玉造温泉の「長生閣」にて開催。

昭和三十三年（一九五八）　　六十三歳

旅から旅への講演行脚に明け暮れる。六月、「道徳教育論」刊行。八月十五日、啓蒙講演一千回を発願。八月、夏季研修会を宝塚遊園地宝塚小劇場にて開催。十二月、「道徳教育実践のために」（上・下）刊行。

昭和三十四年（一九五九）　　六十四歳

七月、「教育者の生涯」を刊行。八月、夏季研修会を愛知県南設楽郡鳳来寺町鳳来院にて開催。十二月、講演集「国民教育者のために」刊行。

昭和三十五年（一九六〇）　　六十五歳

一月、冬季研修会を和歌山県勝浦の湯川温泉にて開催。三月十七日、神戸大学にて「私の歩んできた道」と題して、退官訣別講演を為す。三月三十一日、神戸大学停年退職。かねて用意せし「五輪の塔」を退職記念として大学へ寄贈。五月より旅から旅への講演行脚うち続く。八月、「第二の開国」を刊行。第五回夏季研修会を開催。場所は青森県津軽の大鰐中学校。十二月、「理想の小学教師像」刊行。

昭和三十六年（一九六一）　　六十六歳

一月、冬季研修会を別府市豊泉荘にて開催。一月三十一日、田島西宮市長、西宮の浜を埋め立て日本石油㈱を誘致しようとする暴挙に対して抗議文を書き、ために名誉毀損で訴えられるが不起訴となる。八月、夏季研修会を長野県湯田中の沓野館にて開催。九月、田中正造遺跡を歴訪。十月、「学校を生かし動かす者」刊行。十一月、講演筆記「中学生諸君に」の小冊子刊行。十二月二十四日、左足を捻挫、疼痛止まねど左記の研修会に出講。のちに骨折と判明。冬季研修会を鳥取県東伯郡三朝温泉（厚生寮）にて開催。

昭和三十七年（一九六二）　　六十七歳

一月六日、帰宅後病院にて左足くるぶしの骨折と判明しギプスをはめる。以後三月十六日までギプスをはめたままでの旅また旅。三月三日、教育講演千回に達す。八月、夏季研修会を越前の吉峯寺にて開催。九月二十日、花巻温泉における宮沢賢治祭にて「知られざる人宮沢賢治」と題して講演。十一月、「教育的実践の基本問題」刊行。十二月、冬季研修会を京都妙心寺山内の霊雲院にて開催(この年も旅から旅への講演行脚うちつづき、その間寸暇をさいて執筆ならびに補訂に没頭す)。

昭和三十八年(一九六三)　六十八歳

旅から旅へ、文字通り東奔西走。三月、「女教師のために」を刊行。四月より神経痛に堪えながら多忙の旅程打ちつづく。八月、夏季研修会を静岡県引佐町奥山半僧坊にて開催。九月、東北の旅の途中、十五日間盛岡市に滞留、神経痛の治療を受ける。十月、著書「人生二度なし」(文理書院)を刊行。つづいて「人間形成の論理」刊行。十一月十日、広島大学にて、故西晋一郎先生の二十周忌法要の後、記念講演。演題は「西博士と西田博士」。十二月二日、吹田市佐竹台三丁目十二の七番地に転居。

昭和三十九年(一九六四)　六十九歳

一月八日より教育行脚に旅立ちて東奔西走。三月十四日より月末まで生口島なる渡辺君三氏宅に滞在。「即物論的世界観」の執筆に没頭。さらに補訂に及ぶ。五月、「人間の思考と教育」刊行。五月四日、三男迪彦、信州赤沢嶽にて遭難。危く一命取り止める。七月、「宗教的世界」の執筆着手。十日間にて下稿完了。八月、個人誌「実践人」百号に達す。はじめて「森信三全集」刊行の発願を発表。夏季研修会を豊川市豊川閣にて開催。九月、「学校づくりの夢」刊行。

昭和四十年(一九六五)　七十歳

例年のごとく旅から旅へ。三月十八日、信州の沓野館に止宿。「宗教的世界」の補訂に没頭す。四月一日より全く自宅に閉居。執筆三昧にて「森信三全集」の編輯に取り組み、以後二百日に及ぶ。四月、神戸海星女子学院大学教授として迎えらる。五月、「全集」の最終締切り。申し込み千二百部に達す。八月、夏季研修会を比叡山上延暦寺にて開催。十月、「歴史の形而上学」の執筆で十日間にて下稿完了。十二月、吹田市教育委員に就任。

昭和四十一年（一九六六）　七十一歳

三月、〝盲精薄児を守る会〟の会長となる。四月、「実践人」創刊十周年を迎えて百二十号に達す。「開顕」誌より通算すれば二百十三号なり。八月、夏季研修会を隠岐島の文化センターにて開催。永海佐一郎博士の講演あり、参加者一同、博士方の長廊下なる実験室を拝見す。十月、「一人雑誌」の提唱に応ずる同志次第に増加。それぞれの成果を挙げる。十一月、「全集」二十巻を五巻延長し、二十五巻をもって完結の決意をなす。

昭和四十二年（一九六七）　七十二歳

一月、明治百年を迎えるにあたり「実践人」誌に「奠都論」を発表。四月、「森信三選集」（全八巻）の刊行を発表。八月、夏季研修会を岡山県備前町閑谷学黌にて開催。九月十五日、阪本勝氏の招きにより、上村秀男氏と共に有馬山荘に一夜を過ごす。

昭和四十三年（一九六八）　七十三歳

三月「隠者の幻」の下稿完了。六月、「全集」二十五巻の編集完了。着手してから実に満三年三か月を要す。八月、夏季研修会を静岡県御殿場なる東山荘にて開催。「全集」完成の記念に「契縁録」の刊行趣意を発表。八月二十五日「森信三全集」二十五巻の最終配本を終える。かくてまた東北の旅にのぼる。

昭和四十四年（一九六九）　七十四歳

三月、「契縁録」の仕事に没頭。同志の小自伝の一大集成。五月、六月、七月と、旅から旅への講演行脚。八月、夏季研修会を長野県戸隠村久山旅館にて開催。十一月、「契縁録」刊行。十二月、冬季中堅研修会を大阪府立文化会館にて開催。

昭和四十五年（一九七〇）　七十五歳

一月中旬より旅また旅。四月一日より「幻の講話」（全五巻）の執筆に着手。五、六月旅また旅。六月十九日、神戸市の西郊塩屋山中なる洗心山房にて、阪本勝氏外四人と一夜を共にする。八月、第三十一回夏季研修会を伊勢市神宮会館にて開催。妻文子重態に陥り止むなく欠席。八月二十一日、妻文子逝去（六十七歳）。十二月、冬季研修会を大阪府勤労青年の家にて開催。

昭和四十六年（一九七一）　七十六歳

三月、「全集」及び「選集」申し込みの機を免した人々のために「森信三著作集」（全十巻）の刊行企画発表される。八月、夏季研修会を松山市の護国神社の境内にある遺族会館にて開催。講師は大山澄太、坂村真民、山上次郎等の諸氏。九月、大阪読書会、神戸読書会の他、東は岡崎に西は倉敷にも設けられる。十月二十六日、肺炎にて住友病院に入院。三週間に及ぶ。十一月、語録「不尽片言」（寺田清一編）刊行される。十二月二十五日、野本三吉氏を自宅に迎え、神戸県民会館における一泊研修会に出席。

昭和四十七年（一九七二）　七十七歳

三月、名著「人間―幻像と世界」の著者山県三千雄氏を、野本三吉氏と同道訪問。七月、学制発布記念事業の一つとして、実践社より芦田恵之助先生の「三部作」の出版刊行。八月一日、高石市羽衣の寺田氏の別宅へ転居。独居自炊の生活に入る。八月二十一日～二十三日、夏季研修会を伊勢市内宮前の神宮会館にて開催。八月三十日、長男惟彦（四十一歳）急逝。十月、「幻の講話」（全五巻）の刊行寄金が全国の同志より寄せられる。十一月三日、文化の日を期し、尼崎市の未解放部落の立ち退き跡の空家へ単身入居。自来独居自炊の生活に入る。十二月十日、部落内にて再転居。十二月、冬季研修会を京都山科の一灯園にて開催。

昭和四十八年（一九七三）　七十八歳

三月二十日、再転居百日を迎える。その間尼崎在住の同志相集い「みそ汁会」や「トロロ会」が開かれる。八月二十日、宿命の書ともいうべき「幻の講話」の第一巻ついに刊行。五年前の昭和四十三年の秋執筆開始以来五年の歳月を費し、その間――妻及び長男の死等、人生の幾転変により中絶遮断せられる事多かりしなり。八月二十一日～二十三日、夏季研修会を六甲山「自然の家」にて開催。参加者二百五十名を越え、初参加者四割近し。

十一月三日、「今北部落」への転居一周年を迎え、独居自炊の生活もほぼ軌道にのる。十二月、アラブ諸国による「石油問題」が起こり、全世界が空前の一大衝撃を受ける。これに関し「謹んで神意の進展を観んとす」の一文を草す。十二月二十五日、冬季研修会を六甲山頂「自然の家」にて開催。

昭和四十九年（一九七四）　七十九歳

七月、「実践人の家」建設につき趣意書発送。山県三千雄著「日本人と思想」が刊行され、内に「森信三の日本的正気の心実学と教育的実践」の一論あり、現存の人物としては唯一人なり。八月、夏季研修会が修養園の伊勢青少年センターにて開催される。十二月十九日、「実践人の家」建設の用地を川端氏より購入（自己負担）登記を済ます。十二月二十五日〜二十七日、冬季研修会を、岡崎市の郊外なる「愛知県野外教育センター」にて開催。十二月三十日、佐竹台の家より地蔵尊を運び道路に面して安置す。十二月末、「実践人の家」建設寄金二千万円を超える。

昭和五十年（一九七五）　八十歳

三月十六日、「実践人の家」の地鎮祭、同志の神官上村秀男氏によって執行される。四月六日、「実践人の家」の上棟式挙行。五月一日「幻の講話」第五巻（最終巻）刊行。かくて全五巻完結す。七月六日、「実践人の家」落成式が挙行され、来賓より祝詞をいただく。会員も各地より参集百二十名出席。この日より端山護出勤して事業を助け、後社団法人常務理事となる。八月、夏季研修会を六甲山上「自然の家」にて開催。十一月、「実践人の家」の支持会員を募る。十二月二十五、二十六日、冬季研修会、岡崎市郊外「愛知県野外教育センター」にて開催。

昭和五十一年（一九七六）　八十一歳

三月二十一日より「ある隠者の一生」の執筆に着手。四月六日、下稿を終える。四月十九日、「創造の形而上学」の執筆に着手。五月六日、下稿を完了。丸十八日間専心没頭す。七月、「実践人」六・七月号を、福島政雄先生追悼号として発行。

七月九日、「実践人の家」社団法人として認可される。七月十二日、「全一的人間学」の下稿なる。七月十三日〜十九日、ハワイへの旅。川端正和氏の懇情により、同氏及び足立英二氏ご夫妻も同行。八月二十一日〜二十三日、夏季研修会を国立淡路青年の家にて開催。九月二日、「全一的教育学」の下稿なる。九月二十三日、満八十歳を迎える。

昭和五十二年（一九七七）　八十二歳

一月五日、信州無名会に招かれて講演。六月十五日、尼崎の同志上村秀男氏逝く。「実践人」九月号に「上村秀男著作集」（全三巻）の刊行発表。七月、「全一学精要」を完稿。一代の思索の体系的梗概となる。八月一日、語録「一日一語」（寺田清一編）刊行。八月二十一〜二十三日、夏季研修会を三重県上野青山高原の日生学園にて開催。「実践人」十一月号に東井義雄氏の「培其根」の頒布発表さる。

昭和五十三年（一九七八）　八十三歳

新年号に「八十歳を境にして」の一文を草し「生」の根本的転回を発表。三月「全一学にたどりつくまで」の講演速記の補訂を終え「〝全孝〟の学と全一学」（藤樹先生生誕三百七十年記念号）の一端を草す。四月一日より「偉人にまなぶ人間の生き方」の執筆に着手。六月二十三日、笹村草家人氏の甲斐の山中幽棲の旧居を訪う。八月二十一〜二十三日、夏季研修会を伊勢青少年研修センターにて開催。九月二十三日、満八十二歳を迎える。十月六、七日、故暁烏敏氏二十五回忌記念講演会に招かれ、遺弟並に同朋二百余名に講話。

昭和五十四年（一九七九）　八十四歳

六月「全一的世界」下稿完了。八月「不尽叢書」の全五集を完結。八月二十一〜二十三日、夏季研修会を伊勢市神都国民道場にて開催。十月「家庭教育二十一ヶ条」を刊行。十二月十五日、関西学院理事長の久山康氏の招きにより「関学セミナーハウス」に一夜を恵まれる。十二月二十五日〜二十七日、冬季研修会を「岡崎市少年自然の家」にて開催。

昭和五十五年（一九八〇）　八十五歳

三月「長島先生、回想と遺稿」刊行。五月、有志による日曜読書会において「十善法語」を講読。七月「わたくしの生涯の歩み」（53・12・25、岡崎研修会にての講演筆録）を発行。八月「情念の形而上学」の下稿完了。八月二十一～二十三日、夏季研修会を日生学園にて開催。九月二十三日、誕生日の感懐として一首を托す。

かそけくもひと世をかけて歩み来し
　いのちの道は幽けかりけり

十月九・十日、長野市の三輪小学校へ、その後飯田市へ、そして北安曇郡の最北端の辺境小谷へ。十二月二十五～二十七日、冬季研修会を「岡崎市少年自然の家」にて開催。

昭和五十六年（一九八一）　八十六歳

一月、年頭の恒例「無名会」参加は、本年より厳寒期ゆえ中止。二月上旬予定の北九州の旅も、風邪のため中止。四月、川端正和氏と共に壱岐行き。五月六日～九日、美濃の土岐市へ、そして信州の飯田と尾張旭市にて講演。その間故筒井栄太郎氏のご遺族へ弔問、同夜は故伊藤証信師のお宅に一泊。翌九日、故森武士氏のご遺族弔問。最後に六十五年前の教え子児玉裕太郎君を病床に見舞う。五月十四～十九日、福岡中心の旅。引き続き海星女子大へ出講。そして神戸読書会へ。貧血症状でやっと帰宅。翌二十八日、脳血栓症状にて臥床第一日始まる。六月十一日、塚口病院へ入院。八月二十～二十二日、夏季研修会を神戸市立国民宿舎須磨荘にて開催。介護を受けて出席。黒板に不自由な手で板書。

天《あめ》なれやこの世の生のいや涯《はて》に
　いのちの甦《よみが》へり賜《た》びし畏《か》しこさ

九月三十日、塚口病院退院。翌日、海星女子大へ退職願いに参上。十二月二十六～二十七日、冬季研修会を神戸三宮ビジネスホテル「北上《きたかみ》」にて開催。

昭和五十七年（一九八二）　八十七歳

一月二日、掘炬燵を設置。やっと独居自炊の生活を再開。三月、八尾の甲田光雄先生の診察を受け、食事の根本的変革始まる。五月より、「新全集」申し込み受付の開始。「全一学」五部作の修訂に没頭。脚の腫れひかず。八月二十一～二十三日、夏季研修会を関西地区大学セミナーハウスにて開催。八月三十日、「新全集」第一回配本開始。十二月十五日、「新全集」第二回配本。十二月二十六日・二十七日、冬季研修会を神戸タワーサイドホテルにて開催。

昭和五十八年（一九八三）　八十八歳

三月十日、病状再発、神戸海星病院へ入院。六月、新「契縁録」刊行の趣意書を配布。六月十日、神戸海星病院を退院。神戸東灘区の三男迪彦氏宅にて静養。八月より、全国地方ブロック単位に、「実践人」地方研修会が開催される。十月十五日、社団法人「実践人の家」理事会において理事長辞任。後任として安田善四郎氏を選任。十二月二十六・二十七日、冬季研修会を神戸タワーサイドホテルにて開催。十二月三十日「ｉｆミニ自伝抄」の執筆に着手。

昭和五十九年（一九八四）　八十九歳

二月中旬、腎盂炎のため海星病院に再入院。三月十日「新全集」第七回配本（第七巻）を完了。三月十三日、海星病院を退院。三月二十九日、東京読書会の発足。とみに各地読書会の発足相次ぐ。七月十日「新全集」八巻が完結。引き続き八月十日、「契縁録」（第二集）の刊行。八月二十一～二十二日、兵庫県三田の関西地区大学セミナーハウスにて「新全集完結記念大会」を開催。車椅子にて参加。「神天に導かれて」と題し講話。十一月当記念大会の記録に不尽語録を加え「不尽先生の人と思想」と題し出版。十一月十六日、かねて入院中の端山護氏逝去。「実践人の家」にて告別式の執行。十二月に入り、神戸地区を始め阪南・東京・浦和・神奈川・静岡と各地ブロック研修が相次ぐ。

昭和六十年（一九八五）　九十歳

「実践人」新年号に「数え九十歳を迎えて」と題

し、その感懐を寄せる。二月、「立腰教育」のモデル校として、仁愛保育園の実際が、取材されNHK地方版に放映される。東京読書会も発足以来、一年を迎え、各地読書会の発足相次ぐ。五月十五日、東京屈指の古美術商木村東介氏の来訪をうけ歓談。「新全集」の事務長の中西市次氏に代り、五月より後任事務長として岸本清一氏就任。八月二十〜二十二日、夏季研修会を神戸みのたにグリーンスポーツホテルにて開催。車椅子にて参加。次の一首を寄す。

大会に湧き立つ生命《いのち》の片隅に
われも命を賜《た》びて生きをり

九月二十三日、九十歳の誕生日を迎える。月刊「致知」十一月号に「九十歳の哲人・森信三氏に聞く」と題しインタビュー（藤尾秀昭氏）の記事が登載。十二月、玉田泰之氏の尽力により「端山護・一巻全集」刊行なる。

昭和六十一年（一九八六）　九十一歳

二月三日NHK教育テレビにて仁愛保育園の「立腰教育」の実況が放映される。二月二十日「端山護・一巻全集」が刊行。五月三日元京大総長平澤興氏との対談。後日その内容が「致知」に掲載される。六月より㈳「実践人の家」新理事長として重田敏夫氏就任。七月二十日、「実践人の家」玄関前に、不尽先生歌碑の除幕式。

これの世に幽けき命賜《た》びたまひし
大きみいのちを常仰ぐなり

八月十〜十二日、関西地区大学セミナーハウスにて夏季研修会開催。九月、「満天の星を仰ぎて」と題する福田与氏の自伝刊行なる。

昭和六十二年（一九八七）　九十二歳

一月「森信三講演集」（上・下巻）同時刊行なる。四月、金谷卓治氏の協力によりビデオ「明日を拓く立腰教育」の制作。六月、故上村秀男氏の十年祭にあたり「上村先生を偲ぶ会」が催される。八月、ビデオ「不尽先生随聞記」の完成。八月十九〜二十一日、関西地区大学セミナーハウスにて夏季研修会を開催。出席を断念し、やむなく欠場。

地方研修会の気運もりあがる。

昭和六十三年（一九八八） **九十三歳**

二月二十日、新城市教育長中西光夫氏をはじめとする一行八名が来訪。大いに歓談。六月致知出版社より「現代の覚者たち」の刊行。七名登場のトップにインタビュー記事の掲載。七月「不尽先生墨蹟集」刊行なる。八月二十〜二十二日、長野県南安曇郡の「ビレッジ安曇野」にて、夏季研修会を開催。九月二十三日満九十二歳の誕生日を迎える。同時に三男宅入居満五年を経過。

平成元年（一九八九） **九十四歳**

一月七日、昭和天皇の崩御。以来、「昭和天皇の御製」が枕頭の書となる。三月号より、「実践人」の誌型を一新し、タブロイド判よりB6判へ。三月下旬、致知出版社より「修身教授録」の復刊なり、感銘新たに多くの読者を得る。八月十一〜十三日、岡山県建部町福渡の「友愛の丘」教育センターにて、夏季研修会を開催。例年のごとく、地方研修会が相次ぐ。それと共に各地読書会の新発足の気運高まる。

平成二年（一九九〇） **九十五歳**

「実践人」三月号をもって創刊以来四百号に到達。それ以前の「開顕」を加えれば、四百九十三号。六月、実践人企業セミナー（第一回）をはじめて新大阪チサンホテルにて開催。八月十九〜二十一日、全トヨタ労連研修センター「つどいの丘」にて夏季研修会を開催。

十一月、「幻の講話」（全五巻）の新版刊行。

平成三年（一九九一） **九十六歳**

あと五年後に迎える生誕百年記念事業として、「契縁録」（第三集）と「余光録」の出版を企画。

一月二十八日、全一学セミナー（第一回）を守口文化センターにて開催。新版「幻の講話」の申込み相次ぐ。

五月をもって「実践人の家」理事長、重田敏夫氏引退し、新理事長として山本紹之介氏が就任。

八月十八日、軽い脳梗塞を再発。自室にて昏倒。微熱つづく。八月十九〜二十一日、兵庫県丹波篠山のユニトピアささやまにて夏季研修会を開催。

九月二十三日、満九十五歳の誕生日を迎える。流動食も自らスプーンで食べられるまでに回復。

平成四年（一九九二）　九十七歳

五月「契縁録」「余光録」の刊行なる。

八月二十一〜二十五日、夏季研修会を御殿場社会教育センターにて開催。

十月ごろより昏睡状態が続き、十一月二十一日午後六時二十五分、数え九十七歳をもって逝去。

十一月二十四日、午後より神戸市生田区の東極楽寺にて告別の葬儀執行される。


〈その後の歩み〉

平成四年

十二月二十日、常福院（半田市岩滑《やなべ》）に歌碑の建立。

平成五年

二月二十一日、森信三先生追悼会を神戸市立教育会館にて開催。

九月二十三日、常福院にて納骨式の執行。その後、「森信三先生を偲ぶ会」（半田市教育委員会主催）が開催される。

平成六年

六月五日、新美南吉記念館竣工なり、森信三先生の資料が常時展示される。

十月一日、半田市名誉市民として推挙せられ、その認証式が行われる。

平成七年

四月十日、祖父にあたる「端山忠左衛門翁伝記」が刊行される。

七月五日、ビデオ「日本の覚者・森信三」が前後二巻として完結。

平成八年

二月二十八日、「不尽精典」が発行される。

八月九〜十一日、「生誕百年記念全国大会」が郷里半田市にて開催される。

「あとがき」に寄せて

森信三先生に初めてお会いしたのは、昭和六十年九月のことです。長年森先生に師事してこられた寺田一清氏に伴われ、神戸・灘の先生のお住まいをお訪ねしたのでした。

当時の手帳を繰ってみると、朝十時から午後二時半まで、約四時間もお邪魔させていただいたようです。「昼、おすしをごちそうになる。運命的な日なり」と走り書きにあります。

この時森先生に賜ったお話が、『現代の覚者たち』巻頭所載のインタビューとなったのでした。先生との語らいはまことに楽しく心弾むものでしたが、それを月刊誌『致知』の締め切りまでに原稿にまとめる作業は、まさに難行苦行の趣でした。先生の歩まれた足跡の広さ、深さをなんとしても文字に移して表現しなければ、と呻吟《しんぎん》したことを覚えています。

森先生八十八歳、不肖三十七歳の出会いでした。

森先生もこのインタビューを気に入って下さったようで、以来、関西出張の折にお電話すると、快く応じて下さいました。先生がお亡くなりになったのは数え九十七歳。晩年の十年近く、不肖ながらご指導賜ったことになります。

「その人の生前における真実の深さに比例して、その人の精神は死後にも残る」

森先生のお言葉です。没後十九年、先生の教えはいよいよ輝きを増して人びとの心をとらえています。先生がいかに深い真実の人生を歩まれたか。その証しと言えるでしょう。


寺田一清氏は三十八歳から森先生に師事され、森教学の普及に全身全霊で打ち込んでこられました。寺田氏の献身的な努力がなければ、森先生の教えがここまで広く世に知られることはなかったでしょう。

その寺田氏のご尽力により、ここに森先生の小伝を刊行できますことを、先生の偉容に接した一人として、心から嬉しく思います。

最後に、本文にも紹介されていますが、私自身が強く心に留めている森先生の言葉を記します。先生が神戸大学教授時代に、学生に向けて話された言葉です。

「『石も叫ばん』という時代ですよ。

いつまで甘え心を捨てえないのですか。

この二度とない人生を、いったいどのように生きようというのですか。教師を志すほどの者が、自分一箇の人生観、世界観を持たなくてどうするのです。

眼《まなこ》は広く世界史の流れをとらえながら、しかも足もとの紙屑を拾うという実践をおろそかにしてはなりませんぞ」

「教育とは、流れる水に文字を書くようなはかない仕事なのです。しかし、それをあたかも岩壁にのみで刻みつけるほどの真剣さで取り組まなければならないのです。

教師がおのれ自身、あかあかと生命の火を燃やさずして、どうして生徒の心に点火できますか。

教育とはそれほど厳粛で崇高な仕事なのです。民族の文化と魂を受け継ぎ、伝えていく大事業なのです」

時には火を吐くような口調で、凛とした気迫を持って語られた、と聞きます。

これらは先生の人生そのものを象徴する言葉です。先生自らがそういう人生を生きられたのです。

そして、これは教育者のみに向けられた言葉ではありません。この宇宙にたった一つしかない生を与えられたすべての人に放たれた森先生のメッセージなのだと思います。

平成二十三年三月

株式会社致知出版社
代表取締役社長　藤尾秀昭

森信三

明治29年9月23日、愛知県知多郡武豊町に端山家の三男として生誕。両親不縁にして、3歳の時、半田市岩滑町の森家に養子として入籍。半田小学校高等科を経て名古屋第一師範に入学。その後、小学校教師を経て、広島高等師範に入学。在学中、生涯の師・西晋一郎氏に出会う。後に京都大学哲学科に進学し、西田幾多郎先生の教えに学ぶ。大学院を経て、天王寺師範の専任教諭になり、師範本科生の修身科を担当。後に旧満州の建国大学教授に赴任。50歳で敗戦。九死に一生を得て翌年帰国。幾多の辛酸を経て、58歳で神戸大学教育学部教授に就任し、65歳まで務めた。70歳にしてかねて念願の『全集』25巻の出版刊行に着手。同時に神戸海星女子学院大学教授に迎えられる。77歳長男の急逝を機に、独居自炊の生活に入る。80歳にして『全一学』五部作の執筆に没頭。86歳の時脳血栓のため入院し、以後療養を続ける。89歳にして『続全集』8巻の完結。平成4年11月21日、97歳で逝去。(年齢は数え年)

編著者略歴

寺田一清（てらだ・いっせい）

昭和2年大阪府生まれ。旧制岸和田中学を卒業し、東亜外事専門学校に進むも病気のため中退。以後、家業の呉服商に従事。40年以来、森信三師に師事、著作の編集発行を担当する。社団法人「実践人の家」元常務理事。編著書に『森信三先生随聞記』『二宮尊徳一日一言』『森信三一日一語』『女性のための「修身教授録」』『家庭教育の心得21——母親のための人間学』『父親のための人間学』『10代のための人間学』（いずれも致知出版社）など多数。

森信三小伝

平成二十三年三月三十一日第一刷発行

編著者　寺田　一清

発行者　藤尾　秀昭

発行所　致知出版社

〒150-0001東京都渋谷区神宮前四の二十四の九

TEL（〇三）三七九六―二一一一

印刷・製本　中央精版印刷

落丁・乱丁はお取替え致します。　（検印廃止）

ISBN978-4-88474-922-4 C0095

ホームページ　http://www.chichi.co.jp

Eメール　books@chichi.co.jp